天下 雜誌

觀念領先

療癒孤寂

30堂課學會接住自己，建立內在安全感，成為能與他人連結的完整自我

傷痛療癒心理專家
蘇絢慧 著

目錄

第二章

回溯孤寂，那些生命歷程的痕跡

第三章

走入孤寂者的內心世界

第四章
勇於健康孤獨，擁抱不完美的世界

第五章 擁抱及愛回內在孤寂的自己

自序

成爲自己最重要的支持力量，做自己最好的照顧者

在這路上沒有人追在我身後，而我也沒有走在別人的路上。我孤獨，但我用生命填滿了孤獨。

——榮格（Carl Gustav Jung），瑞士心理學家

在人生的某些時刻，你我都必然會體驗孤獨。空巢、分手、喪親、隻身在異鄉、缺少能交流對談的人，或走在破碎的人生路途中，都會讓你經驗或長或短時間的孤獨。

但孤獨的存在狀態，不必然會引發漫長且痛苦的孤寂感，只要我們願意覺察這些具有負向效應的孤寂訊號，然後爲自己找到適切的關照行動，暫時的孤寂可

以得到療癒及安慰，讓我們即時穩住內在自我，並朝向更有意義成爲完整自我的方向邁進。

孤寂，是一種生命很難迴避的感受和體會。在一生的成長過程，某些生命階段，每個人必然都要體會這種深刻的人生滋味。這種感受，來自一種人際上的孤單、疏離和寂寞感，發生的原因很多，像是因爲地理上和人群的疏遠距離而導致的孤立，或是心理上情感的斷裂所帶來的親密感失落和情感空虛。

孤寂感帶給人許多方面的影響，除了身心方面，最大的影響莫過於和人際及社會層面的關係，也影響著對待自己生命的態度。

在心理諮商的實務工作上，**我看見許多個體因為內心發生的孤寂感，讓他對自己缺乏關注，也沒有興趣和活力投注在關懷自己、照顧好自己的目標上。**

一直以來，有許多關於人類生存的研究在探討孤寂感對人的作用和影響。有些腦神經科學的學者從演化觀點解釋，對群居性的人類而言，落單不利於生存，群聚才有利於生存，因此大腦將「孤寂感」演化成預警機制，一旦個體的孤寂感升起，將使身心處於高度戒備狀態，使人際關係與生理健康都面臨危害。因此，這些研究發現，孤寂感將對身心機能造成負面影響，提高死亡率，縮減人的壽命，當然也損及人的幸福感。

這種因爲落單的孤寂和疏離，缺乏安全的人際連結感和情感歸屬，讓人處於高度的警戒狀態和威脅感當中，使人產生大量的身心不適，而引發諸多身心症狀。相信讀者們可以從過往的生活經驗，搜尋到一些在團體中感到失去連結，或不安全感的時候，例如大學時的作業分組、剛到新的社交場合、在一個覺得不友善的職場環境……等等情境，自己當時所感受到的緊張、焦慮、恐懼，還有許多無法言喻的身體不適，例如頭痛、頭暈、反胃、冒汗、發抖、心悸等種種情況，都可使我們了解，孤寂或落單對我們來說，是相當大的一種生存焦慮和壓力。

也有一些人即使困在充滿孤寂感的人際關係中，卻知道自己無法斷開依賴，因此在周而復始的親密感失落及關係疏離感中，日漸憔悴、鬱鬱寡歡，無法真的勇敢地面對一個人的獨身生活。這是因為我們的內在（或演化的大腦）會出現隱約的擔憂，害怕自己孤伶伶一個人，將無法自理可能遇到的生活問題，無法面對生活的變化和挑戰。所以卽使關係讓人很失落，也讓人很抑鬱，我們都可能選擇要假面的關係，害怕面對只有自己一個人的處境。

但就算表面上看起來有人相伴，也不意謂著孤寂感不會占據你、籠罩你。住在一個屋簷下，或是生活在有其他人的社區裡，並不意謂著我們就不會感到孤寂。事實上，越是都會型的生活環境，狹小、封閉、疏離、壓迫，人們感受到的孤寂感和焦慮感，往往是越強烈。

孤寂感，和疏離及孤立的感受有直接的關連。充滿評價和要求的環境，以及各種充滿批判的審查或指責，使人升起緊戒心和不安感，引起恐懼與防衛，讓人與人之間必須產生距離，以獲得內心需要的安全感，卻也因此造成難以連結彼此的困境，特別是真誠的、自在的、親密的連結，幾乎很難體驗。也無法從接觸中相互支持、幫助、滋養、關懷，藉以消除和撫平負面情緒。

種種的現象和因素，都使我們明明活在這個看似活躍的、緊湊的、喧嘩的現代社會，內心卻最異常地感到孤寂、疏離和焦慮，就像獨自在一座孤島上，而四周全然地斷裂和封鎖，哪裡也交通不了。

這一本書，是我試圖回應現代人的孤寂議題（或心理狀態），試著說明及解釋關於孤寂的形成，以及和讀者溝通如何化解這樣的情感失調，找到安頓自我的方式。

倘若任由孤寂感發生，我想我們都知道會發生什麼事——那就是人的精神會承受巨大壓力，使我們的情緒功能、理智功能及身體機能都受到很大的危害，而影響我們個體和人際關係的健康品質。

我是一名從事傷痛心理治療的心理師，我關懷人類的處境如何影響著人的心理健康，也滿懷對社會發展及變化的關切。我始終相信，沒有健康強健的個體，就沒有健康強健的社會。反過來，一個不健康的社會環境，勢必也會讓我們每一個個體，在這樣的生存情境中，更加地付出身心的代價。個體和社會之間息息相關，當越來越多個體呈現內心孤寂時，我們的社會恐怕也會面臨安全網的薄弱，以及社會支持力的脆弱無力，整個社會將會付出極大的代價和成本。

當然，要能做到自我保健和自我維護，需要我們的自主管理（自律）——管理自己的健康狀態，無論是身體或心理的。如果，你已經體察到自己的孤寂感，也深感這種內心處於斷裂和封閉的狀態，已為自己帶來許多身體和精神方面的不適，那麼，希望這本書能與你有所連結，當中的文字和敘說能與你的心和感受有所觸碰。更重要的是，能啟動你親近自己的意願，調動和自己的關係，眞實地與自己統整，成爲內在情感安穩的人。

然後，**陪自己如實感受、陪自己體會經驗，也陪自己連結你想要接觸的人和世界。**

活在這世界，我們都需要充分而眞實地領會自己如何能站立得穩。知道自己是眞實存在的，不僅能完整體認自我的存在，也能感受歸屬於群體，這兩者的體驗平衡而自在。我想，當能通透和領會這兩者的意義和價值時，將是此生最大的完滿了。

第一章
孤寂成傷，你的身心都記得

孤獨並不是來自身邊無人。感到孤獨的真正原因是因為一個人無法與他人交流對其最要緊的感受。

——榮格

不論是白天，或是黑夜來臨，你總是感覺不到和這世界的關連。彷彿你是從一個遙遠不知名的地方，來到此地稍稍停留。你不知道自己是誰？也不知道自己從哪裡來，要往哪裡去？你甚至對自己被稱呼的名字都感到陌生。如果有那麼一個可能，你不想再感受到那空無一物，沒有什麼能真正駐留在你心上的虛無感。你懊惱地亂摸著頭，露出尷尬和憂愁的微笑說：「孤寂會傷人，你的孤寂會傷人嗎？我的孤寂一直讓我覺得很受傷……。」

確實，孤寂會成傷，它讓我們感覺人際疏離，也感到和這世界之間產生斷裂，好像不屬於這世界。然而，身為人，我們都想感受到情感的溫度和慰藉，而不是像活在零下幾度C的冰天雪地中，感覺這世界只是一片冷白。

若你想要內心的世界開始有溫度，那麼，我們需要確保你的情感不會被冷冽的孤寂凍傷，無論如何，讓我們從為自己保暖回溫開始。

01

孤寂讓人慌

在我的心理諮商執業生涯，曾經有無數位諮商當事人或是課程學員跟我提到，他們在內心深處有某種無法和別人交流的苦境。他們時常感覺到和別人的斷裂，無法對談，還有和團體格格不入，始終有種自己不屬於哪裡，也不屬於這世界的念頭。

只要說到什麼時候會讓他們覺得最安心最放鬆？大家口徑一致，那就是四下無人，自己在一個人的安全空間裡，不再需要去擔心別人的反應和動作，也不再需要去猜測別人的心思和評價時，那時候的他們才能感到終於可以鬆一口氣了，所有一切的人際問題都可以拋在門外，不用再提心吊膽。

這是很矛盾的現象，覺得人際關係很不愉快，沒有實質的交流，也沒有彼此感到舒服的互動，因此內心總會覺得和這世界斷裂，始終有種無法跨越的結界，讓自己和外界處於隔離狀態。

這種看似很隔離、遙遠、疏離的關係狀態，應該會令個體感到空虛和孤寂，很渴望和人親近，並且獲得實在的連結感才是；然而，他們卻表示寧可沒有關係，也不要經歷關係裡的害怕、擔憂、不安及混亂。真切來說，「關係」令他們痛苦，也令他們挫折，只要有另一個「人」的存在，他們就下意識地覺得煩躁和困難。

是什麼原因讓我們在和另一個同類相處和互動時，會覺得煩躁不安、壓力很大、厭惡排斥？究竟這是現代科技化社會文明後的普遍現象，還是這正表示雖然我們身爲人類，但人類的相互攻擊和傷害，以及各種無能爲力的負面經驗，正在破壞也侵蝕著人類原本具有的連結和親密能力？

前所未有的大規模孤寂

二〇二〇年拉開序幕，全球迎接的衝擊是新冠病毒襲擊各國，爲了防疫，我們經歷了自主管理和居家隔離，有些人甚至面臨隔離治療的歷程，一個人面對社交封鎖的狀態。不僅如此，各國紛紛採取鎖國還有封城政策，讓人與人之間越來越疏遠，不得不經歷人際孤立的情況。面對疫情，我們經歷前所未有的人際中斷和心理孤寂。

在一些新聞報導或是網路影片上，各國都有人忍受不了必須完全隔離在屋內的生活，於是冒著被罰款或是刑期的危險，以各種想像不到的方式溜出門找朋友，或是上街透透氣。眞的要完全宅在家不出門，全然與人隔離、自我封閉，這對需要感受社群互動和情感來往的人類來說，確實是一種可怕及恐慌的感覺。

在疫情非常嚴重的義大利，或是封城的紐約，有人透過空拍機拍下影片，拍到了一處處空無一人的有名景點，全然的淨空、寧靜，像是時間暫停，不再有人流穿梭流動。一座座的空城，除了寧靜還有一種詭異的蕭條感和孤寂感。如果這時全世界只剩下你一個人存在，沒有人可以和你互動、說話、回應，即使連靜靜地相處都沒有這樣的人時，那眞會讓人產生一種活著有何意義的感覺。

還好，這只是暫時的挑戰，我們仍知道在嚴峻的疫情下，還有許多人堅守崗位，也認眞地保護自己，彼此提醒和鼓勵，一起度過這場疫情。就算是疫情讓人與人之間必須保持距離，減少見面互動，並且暫停各種人際社交群聚活動，但大多數人心中仍有想關心的人，也能接收到他人的關懷，讓我們可以透過網路與內心的重要對象保持聯繫，不致於全然地隔離及疏離。

這場全球疫情，確實讓我們體驗到人類社交形式的改變，原本習以爲常的人際互動被迫停止。疫情的變化所引發的焦慮感和不自由感，考驗的是我們安定自己的能力，是否能自我支持和安撫，安頓自我心靈。

一時間的防衛機制可能會讓我們以無感和麻木來因應我們所面臨的處境，以避免自我接觸。我們會以各種外在的形式，轉移自我接觸，壓抑自我內在的眞實感受及欲望，盡可能以各種「必須」及「應該」來讓自己毫無感覺，並習慣這種自我隔離及心理疏離。但長時間下來，無感和麻木，也會被內心壓抑的孤寂和空虛反撲，掉進抑鬱的黑河中。

有如零散碎片般分裂的自我

心理的孤寂感並不是一種有益於人類生存的情緒感受，它對人體的危害，包括生理和心理方面。最大的傷害莫過於導致我們的自我分裂，以一種難以自我統整的狀態活著，自我有如零散的碎片，而不是一個完整的有機體。

所以，即使是在必須孤立和疏離的狀態，但能和他人有情感的連結，及共同經歷的相通感受，還是我們得以存活不可或缺的情感需求。所謂的存在感，除了是自我完整的統整後會有的感覺，某些部分，存在感需要依靠人際來的回應和連結，因爲有人看見及重視，我們得到了存在感的眞實體會。

孤寂，來自一種人際上的孤單和寂寞感，意思是指人際孤立和疏離，有一種與人分離、疏遠的感覺。

有時候，這種孤寂感是因爲地理因素，像是住得比較偏遠，住的環境太陌生，或和親友距離太遠。但有許多時候，這種孤寂感來自社交互動的缺乏，還有心理上的疏離，經驗到人際關係親密感的落空和連結感的斷裂。

在心理上產生的孤立和疏離感，也可能來自「防衛機制」，主要是成長的過程，透過孤立和疏離，隔離一些不愉快的生活感受和經驗，特別是很難對旁人開口說出來的生命經驗。

爲了把不愉快或不舒服的經驗感受，從情感上剝離開來，人可能會付上無感和冷漠的代價，爲的就是要保持一種自認爲的平穩感。這種平穩是假性的，是一種把可能會發生情感上波動起伏的因素都排除掉，特別是和人有關的經驗。

無論是何種原因形成的孤寂感，這當中都有自我分離的狀況，等於不是活在一個眞實我、完整我的狀態，而是活在一種四分五裂，沒有辦法感受自我是安穩存在的狀態。

就人類也是一種哺乳類動物來說，我們是群體生活的動物，我們的存在有情感的需求，也有受關注及連結的需要，因此，我們需要其他人的存在，可以與我們建立深刻的連結，會心的交流。

是安在獨處，還是虛弱孤立？

無論在什麼樣的人生階段，或面對什麼樣的人生任務，當我們感受到一種喪失與他人關連而產生的感受時，這正表示了你無法得到周圍人的眞正理解，特別是那些你在乎及重視的人，你無法與其產生有意義的連結，無法產生親近感。孤立和落單是產生孤獨的一個因素，但不是唯一因素。**而孤獨是否會產生孤寂的焦慮、不安，以及空虛感，關鍵在於一個人獨自承接自己的能力，也關乎他獨處的方式，是否是健康而有價值的。**

就如心理治療大師榮格所言，所謂的孤獨不是來自身邊無人，感到孤獨的眞正原因是因爲一個人無法與他人交流對其最要緊的感受。

而成熟，某方面需要練就獨處的能力，能承載自己內在的情感狀態。每一個成熟的人，都需要面對孤獨的淬鍊。因爲人只有在孤獨寧靜的時候，才有機會面對和審視反思自己的心靈，往內深入扎根自我。因此，我們可以說，孤獨和孤寂的差別，正在於內在的心靈狀態和能量，前者是能安在的獨處，而後者則是虛弱地孤立著。

是人，就無法迴避個體存在的孤獨性，然而，我們仍然需要愛與關懷，也渴望親密和被理解，這兩者並不是互斥的狀態，身爲人，這兩者都充分體驗了，才能算是完整。

02

成熟的你，可以孤獨但不能孤寂

英國媒體BBC在二〇一八年有篇關於〈孤獨的五個誤解〉文章中，提到社會神經學家約翰．卡西奧普（John Cacioppo）認爲：「孤獨感是來自人類進化的結果，目的在於促使我們改善與他人的關係。用口渴感來比喻，你要是感覺口渴，就會去找水來喝。你要是感到孤獨就會去接觸他人。千百年來，人類一直過著群居生活以保證安全，因此與他人保持聯繫是一種生存機制。」

雖然和群體連結是一種生存機制，但人仍需要去克服當無法避免的孤獨發生時，如何透過領會孤獨，以及面對獨處時自我承接的鍛鍊，才有機會眞的體認自己的存在，並深入認識自己的歷程。

孤獨感和歸屬感（被他人接納的需求）都需要存在於生活中。但孤獨感的時間過度漫長，可能會造成嚴重、負面的後果。例如，若是孤獨的狀態持續很長是因爲要逃避社交活動，這反而會讓人更加孤立、疏離於社群之中，形成身心和人際關係狀態的某些惡性循環。

孤獨不必然孤寂，雖然都是與「一個人」的狀態有關，但前者可以發展為正向的孤獨感，安於獨處，後者則可能伴隨許多內心的寂寞、疏離和孤立無援的感覺。

心理治療家榮格說過，白天與黑夜相同，人生也一樣，若沒有悲哀提供平衡，愉快就會失去意義，能夠耐心鎮靜地面對世事的變遷，才是眞正成熟的人格。

眞正的成熟是有能力自我承接

所謂眞正的成熟，就是一個人更能承載住自己。特別是一個成人，內在所發生的各種經驗和體會，無論是衝擊的、挫折的、震盪的，或是愉悅的、興奮的、自豪的，他能在內在歷程去調節並平衡，達成內在一致及合一，這正是成人所無法迴避的自身課題。

若是一切仰賴外界，不斷外求外界的安撫、陪伴、關注，那麼，一個人也就缺乏機會去啟發內在的潛力，眞實地完成自己，並深刻地探索及檢視自己，回歸眞實自我。

這麼說來，孤獨感是具有不同層次的，取決於一個人的存在狀態，還有他的心靈素質和含量。

身爲人，個體絕對有不可迴避的孤獨，但不意謂著人孤獨的存在特性，會阻礙或完全取代人需要社群的連結和認同。從個體發展來說，一個人能越深入了解自己及連結自己，他在人際互動中，才可能有安穩的自我存在，而不用擔憂被漠視和忽略，甚至被吞噬及控制。

也就是獨立的人，是已經能轉化我們成長過程中所發生的孤寂感。而孤寂感，就是那些我們尚未轉化的孤單，強烈沒人陪、沒人理解的空虛寂寞感受。

難道一個人夠獨立了就不需要人陪、不需要人懂嗎？

這當中還有許多的差異可以描述。

獨立的人，若是根基於能創造好品質的健康獨處，並在個體內在的運作上，與自己有連結的能力，能專注在自己有興趣的事物上，感受一種氣定神閒，那麼他與別人的關係互動，會是一種交流和分享，不帶負擔，也不是失衡的狀態。

但孤寂的人，內心的虛空讓他渴望有人主動來關注他、陪伴他，提供他所需要的溫情關懷及親密需求。可能因爲能量不足，或是缺乏與人互動的方法，孤寂的人無法主動和人產生連結，許多時候都停在「被動」及「等待」的狀態，無法自行滋養和貼近自己。

覺察你的孤寂訊號

那麼，我們可以去辨識自己的存在狀態。若是自覺是獨立的人，好像常常一個人去進行許多事，但你的內心是否是安在而穩定的？還是，只是因爲不得不而被迫接受，像是：也找不到人陪、身邊沒有熟識的人、不想麻煩別人，或是跟人相處太麻煩……等等理由，內心其實壓抑了不開心、沮喪、憂鬱的感覺，只是要自己習慣？若是這種情況下，雖然看似獨立自主，但其實這樣的「一個人」狀態，還是會日漸憔悴、抑鬱、寂寞，而衍生對自己有許多負面的觀感。

所以，個體究竟是體認到生命的存在必有孤獨性，然後能安在需要獨處的時候，或只有自己一個人運作的時候？還是，是一種迴避與人接觸，恐懼面對人，卻又渴望有人靠近、安撫、關注，然後不得不壓抑種種情感需求，所形塑的一種「我不需要任何人」的武裝，阻隔自己內心的脆弱和孤單？這當中的層次和細微的差異，需要由我們個體親自體察和辨識。

自我檢測

你是否正處於孤寂中？

孤寂狀態中的人，並不能從獨處中，發現自我滋養和關愛的方法，他們大都是忍耐、壓抑和承受。**有幾點現象，是可以讓我們用來覺察自己是否處於孤寂中，這些孤寂訊號包括：**

- □你會用大量的飲食來撫慰自己的情緒，情緒越不佳，越會失控地大吃大喝。
- □你感覺常處於一種空洞和空虛中，覺得沒有重心，心空空的。
- □你有種對生活日復一日的迷茫感和厭倦感，覺得人生沒有意義。
- □你會盲目地購物，或不斷地逛街，或無法克制地瀏覽購物網頁。
- □你常常出現這世界有自己和沒有自己根本沒差的念頭。

□你感覺對人生充滿疲倦感，有種「若明天就死掉了該有多好」的想法。
□你常有一種好想找人的念頭，又會出現根本沒有人可以找的失落感覺。
□在你的生活環境中，你常產生一種格格不入感，覺得被這世界排拒。
□你常發生覺得和周圍的人無法溝通的狀態，很難被理解，也很難理解別人的疏離感。
□幾乎沒有什麼可以引發你的興趣或動力，你認爲自己是全然的孤獨。
□你會一直瀏覽網路，無目的，也沒有涉獵什麼，只是漫無目的地轉換停留的頁面。
□你一直強烈地渴望伴侶，或是有一個什麼人能陪在你身邊。
□你常想像會不會有個人突然關注你、關心你，那會讓你覺得好像活著還有一些價值感、存在感。

□你很害怕假日，或是夜晚下班後的時間，那種沒有人可以找、沒人可以陪伴說話的感覺，讓你覺得恐慌。

□你時常有想和誰說話時，瀏覽好友名單或通訊錄，卻覺得沒有人可以交談，然後出現寂寞感。

以上幾點描述，越多項符合，代表孤寂感越強烈。以上的某些描述和憂鬱症的症狀有些相似，長期慢性的孤寂感會讓人提高罹患憂鬱症的機率，及早發現、覺察，或許可以讓我們開始採取不同的行動，即時爲自己的孤寂狀態進行一些調節和關照。

歐美各國都正在關注孤寂感對民眾身心健康的影響狀態，雖然台灣土地小，居住的密度高，但不代表人與人之間的互動和相處，能化解我們出現的強烈孤寂感。要消除孤寂感，不僅需要建造我們與自己相處及連結的能力，同時，還要能夠增進我們與人連結及互動的方法，特別是有品質、深度和合宜的人際關係。

03

孤立？疏離？失落？斷裂？關於童年的情感缺失經驗

童年，從嬰兒時期開始，就會影響著我們內心的孤寂感。嬰兒時期，就亟需從和母親或主要照顧者的關係中，獲得對於依戀的需求。一個出生才三個月的孩子，就可以因爲他呼喚母親（或主要照顧者）沒有得到關注、回應和同調（一種同樣頻率的互動），而出現沮喪、低落和不知怎麼辨的空洞反應。

這是出於一種保護機制，身爲哺乳類的嬰孩（除了人以外的其他動物亦是），出生後對於這個世界是相當陌生和無知的，關於生存的各種需求，都需要仰賴母親（或主要照顧者）這個客體的供應和保護。

最重要的，母親（或主要照顧者）能去安定嬰孩內在心理狀態所需要的安全感和依賴感，讓他感受到和母親（或主要照顧者）之間，連結了一種安穩的保護關係，一種活在這世界上自己有所依靠的安全感（一種聯合起來創造出的心理感受）——我們稱之為「安全堡壘」，具備有心理避風港的作用。

這安全堡壘不只有保護作用，也能做為孩子在成長過程中遇到危險危機時的心理調節避風港。當孩子不論是日常的生活，還是突然其來的衝擊，像是驚嚇或失落，都能有這象徵安全堡壘的關係來陪伴及安撫，與他一同去經歷和體會，而得以調節上下起伏的情感，慢慢地回穩，恢復平靜。

五歲前的情感依戀關係決定內在安全感

五歲前的情感依戀關係，是塑造安全堡壘很重要的關鍵期，決定著孩子內在的安全感狀態，也影響孩子是否體認到自己不是孤單的一個人活著。孩子在這段期間即使有一時的情緒和身心不穩定，但因為身旁有人可以理解、連結、共感同在，並能協助安撫調節，就能讓他相信自己的需求不僅能獲得即時回應，情感上也獲得連結及理解。

這種同調及情感合模的經驗對曾經是孩子的我們來說，是一種連結的基礎，也是一種情感互通交流的經驗，更是親密感建立的雛形。

然而，這當中的複雜度，包括環境、父母的功能和情緒狀態、孩子的先天氣質和狀態……，都會影響嬰孩獲得關照及回應的品質程度。

孩子在出生的頭幾年，是非常需要關注的時期，除了依戀感的需求，孩子也透過被關注，及被鏡映（看見主要照顧者的反應來覺知自己是什麼），漸漸了解到「我」的存在，也發展諸多生理和心理的功能。研究顯示，早年有被陪伴、回應、對話的孩子，大腦的發展在適當激發的情況下，其大腦各部分功能有較顯著的發展。

缺乏關注與陪伴的孩子，升起防衛的玻璃罩

缺乏關注、對話、回應和陪伴的孩子，其各方面的發展都可能遲緩，或產生障礙。

若生命最早的頭幾年，孩子大都是一個人獨自待在搖籃裡、嬰兒床裡，或被擺放在某個封閉空間，身旁鮮少有人來互動、關注及回應，那麼，孩子在這亟需要關愛、陪伴和依賴安撫的年齡裡，會手足無措、心神不定，產生一種退縮或封閉的狀態，不知道自己爲何物，也不知道自己和周圍環境的關係是什麼。

在這樣的情況下，嬰孩的存在是充滿壓力的，而情緒在起伏不定和感受強烈不安全感的處境下，大腦的情緒邊緣系統的杏仁核，將會大量釋放恐懼和悲傷，這當然會對孩子造成極大的痛苦感。有些孩子在這種情感缺失或冷漠的環境下，內在累積極大的情緒壓力，一旦無助到極致，他就只能壓抑感受或切斷感受，好讓自己不再感受到一種從環境而來的壓迫和干擾。

這時候的孩子，便在還不明白自己究竟發生什麼事，升起了防衛機制，阻斷掉自己原本要和外界產生聯繫的一種本能，而進入一種自我閉鎖狀態，彷彿處在一個玻璃罩裡，即使外界可以看見他，他亦可以看見外界，但無法感受彼此之間的情感溫度，有如一層無形的隔離膜，把彼此阻隔在不同的時空。

◆被拒絕、排斥的孩子，既渴望情感又害怕受傷

有些孩子，在早期的頭幾年，會覺得自己弱小而非常膽怯，很害怕和依戀的對象（母親或主要照顧者）分離，他們很需要依戀的對象在身旁給予安全感的保障，並協助他們緩和及調節分離的焦慮。

若孩子先天氣質上屬於高敏感性，很容易感受到環境的變動，感覺有種生存的不安全感和緊張，那麼孩子會十分渴望和依戀的照顧者有一種無縫隙、無界限的緊密感，你儂我儂的緊緊相依，以化解自己感受到的孤單和恐懼感。

這類的小孩有強烈的情感需求，在他們的世界裡，很需要有另一個人的同在。他們需要另一個人陪伴在側，給他們回應和關注，以此來體認自己的存在，並從關係互動中確認自己是被連結的、沒有被遺棄的、沒有被疏忽的。

若是，這樣非常需要另一個人陪伴、關注、安撫及回應的孩子，他卻經驗到許多的拒絕、排斥、忽視，或是被視爲是麻煩、吵鬧、不乖的孩子，遭受許多的批評和責罵，那麼這樣的經歷會在他心中形塑矛盾的情感經驗，造成內在情感衝突：既渴望情感又害怕受情感傷害；既渴望有人陪伴，又害怕人充滿了威脅。

這種情感糾葛和矛盾經驗的孩子，雖然不似完全缺乏關注及陪伴的孤單孩子一樣，完全失去和人交流及互動的能力，但內心的失落感和愛的匱乏感，卻也會造成他內心極大的空虛感，以至於對自我存在的認同及肯定，充滿矛盾和混淆。

◈因童年創傷而壓抑情緒

另外，幼年或成長過程中，心中有祕密的人，也會存在極大的沉重感和孤獨感。童年時生命發生極大的衝擊或創傷，卻沒有足夠語言及能力去連貫及組織，並告知他人，只能在心中隱藏及壓抑許多說不清楚的感受和情緒，這樣的孩子無疑在經歷和他人之間的疏離，有著無法跨越的阻礙，也造成無法連結外在世界，形成了孤立和斷裂。

關於嬰孩時期，以及後來成長的生命經驗，會如何造成我們內在的孤寂感久久不散，甚至形成一種固著不可調動的內在運作模式，我們將會在第二章中說明更多。

你的內心還困在失落的童年嗎？

當我們將孤寂感所包含的情緒經驗再細細分別，便能發現當中不僅有幼年時期我們感受到的孤單、來自缺乏陪伴者互動的孤立感、和情感需求上經驗到的疏離感及失落感，還可能來自經歷某種不爲外人所知的遭遇，或是和外在世界的運作有極大的差異性。種種來自童年情感缺失的經驗，使得我們的內心產生和世界的斷裂感，感受到自己不歸屬於這世界，彷彿不是這世界的一分子。

每個人感受到孤寂感的生命脈絡和經驗都是獨特的，不論是何種歷程所產生的孤寂感，非常重要的是，這樣的孤寂感是否有機會被理解，也被關注到。即使是孤寂感，只要能被理解、被傾聽及被認可，都有可能得到一種連結和安慰。

自我檢測

童年是你內心的傷嗎？

如果孤寂是你很有感覺及感觸的主題，那麼了解及探索幾個線索，或許可以幫助我們體察你的內心是否還處在童年的封鎖及被冷漠隔離的狀態：

- 你童年時期的主要照顧者，會回應你的情感需求及感受嗎？
- 你的童年照顧者會讓你覺得安全安心，並能夠親近擁抱嗎？
- 你的童年時光，有任何帶給你溫暖感受及歡樂的回憶嗎？
- 你的童年時期，有能夠和其他小朋友玩耍，並且樂於和外界互動的印象嗎？

童年的陪伴及情感回應經驗，是我們初始的人際關係經驗，安穩的相處、情感的連結、心靈的參與及流動，能爲我們留下並儲存正向安穩的關係經驗值，也能讓我們體驗到「我」能和我之外的另一個人創造好的互動，經驗到除了我自己一個人之外，我可以和別人同在，感受關係之間的樂趣和情感上的滿足。感受到和重要他人的連結，這是我們身為人，基本的需求之一。

04

原來年少時，就已靠向孤寂

寧可選擇孤寂的人，以現代社會來說，大有人在。

當一個社會有越多的壓迫和越多的不理解，而產生衝突和對立，使人很難經驗到連結和交流時，會有越來越多人寧可選擇孤寂，也不願意主動與人連結。

「我很難去相信別人。」

「害怕自己是麻煩。」

「想到要和人相處就莫名噁心、抗拒。」

「我很擔心別人會怎麼看我，會不會一直隨便在評價我。」

「只要和人在一起，我就覺得他們很強勢，像是在教小孩子一樣，一直叨念。」

這些心聲是孤寂者的寫照。孤寂的人，大多迴避與人接觸，無論是主動的因素，或是被動的因素。

對自己觀感不佳以及心情起起落落不穩定的人，尤其害怕和別人有近距離的接觸和相處。認為自己不夠好的羞恥感，沒有穩定的自我認同，由此引發自我懷疑和焦慮，以至於會產生寧可獨自一人的想法，不願輕易和人交流，也不想對人敞開自己的所思所想。

青少年時期明顯展現自我封閉

這種寧可選擇孤寂的人，也可說是自我封閉，鮮少和人建立關係，連一、兩段比較深入的關係也缺乏，幾乎沒有社交活動。性格的分析，多偏向自尊心強，內心敏感脆弱，怕別人瞧不起及否定，因此選擇把自己禁錮起來。

自我封閉及心理隔離反應，往往從青少年時期就會感受到明顯的呈現。可能是在尋求自我認同的過程中受挫，或隱藏不爲人知的心事，又不能求助於父母與師長；加上和同儕之間有隔閡，感受到冷漠及異樣眼光，讓個體有很強烈的被拒絕感，體會不到接納和歸屬，便會在和人溝通上，採取退縮和壓抑的狀態。

這樣脆弱敏感的青少年會感覺自己是異類，甚至受過許多言語的歧視和排擠，因而對於人際互動產生恐懼的心理。若是內向的人，因爲有話往心裡藏，累積許多無法抒解的負面情緒，深感自卑及弱小，而對外界抱持退縮及迴避態度。

心理學上將青少年孩子轉大人的歷程，所出現的適應困難及壓力狀態，稱爲「閉鎖心理」。

此時的青少年會表現出放棄對外界的接觸，拒絕與他人溝通，把自己封閉在一個小小的個人空間裡，但內心又無法抑制對友情等人際溫暖的渴求，總是幻想別人能不計較他們的冷漠和敵視，主動接近關心他們。

這種幻想並沒有了解到人際交往的雙向性，只單方面要求及期待對方無條件地開放和接納，卻不願主動走出自我、付出關心，當然不會得到實質交流的眞實關係。許多人的生涯歷程，即使進入成年期，其心理狀態都可能還是持續以閉鎖心理在社會環境中，等著別人主動熱情靠近，給予無條件的關懷和接納。

在社會上，無論是求學或職場上，許多適應困難的人正有如此的現象：想要被無條件地包容和關懷，渴望得到別人釋出的友善和接納，但自己並不想進一步多關心和了解別人，覺得這是別人「應該」做到的，但卻不包括自己。自己只是那無力的，說話也沒人要聽、沒有被重視的人，認爲自己對於人際關係，除了被動地等待別人給予溫暖及關懷，就只能無力和抗拒，別無他法。

成年持續閉鎖，陷入更多孤寂與疏離的漩渦

從個體的自我發展來說，這樣的現象是屬於一種成人發展障礙。這不僅會妨礙學習交流，影響自我潛能啟發，還會影響學習效果和成果。

閉鎖心理也會削弱個體的意志力、心理功能、整體認知能力，阻礙了自我調節力和自我統整。當然，在人際交往的範圍也會因此縮小受限，使得個體容易內心狹隘、自我中心、冷漠，進一步缺乏人際關係建立過程中會發展出來的同理心和溝通力。

不論我們在早年生命經驗因爲什麼因素而進入自我封閉或孤立的狀態，下意識地選擇拒絕人際關係，以閉鎖心理做爲自我防衛策略，會讓我們不斷地在更多的孤寂和人際疏離感中惡性循環，感受到一種化解不了的內心空虛和低落感，感到對人生的無望和無意義。

有位將滿三十歲的男性，他對於自己的幼年時期大都已經印象模糊，就算回想也想不出什麼太深刻的記憶。這是幼年缺乏情感陪伴的人常出現的反應。幼年的情感經驗扁薄，不太深刻，也沒有什麼太有感受的情感互動，因此童年的記憶常在一種模糊、印象不多的狀態。

他雖然有一位哥哥，年長他三歲，但兩兄弟因爲雙親開工廠，小時候常被放在工廠的一角自己待著，他沒有任何和哥哥互動的印象。在非常少的記憶裡，他只記得有一個木造圍欄的床，自己好像是被放置在裡頭。而父母在他看得到的地方忙碌地穿梭著，不知道在忙些什麼，也不會來特別關心他。

他總是看得到他人的影像，卻不知道別人的世界是怎麼回事。這個幼年的畫面，成爲他後來人生的縮影。在長大的過程，這種感覺揮之不去——彷彿別人有別人的世界，那是他無法跨越也無法理解的，而他的世界始終只有自己一個人。

他確實感到孤寂，讓他根深柢固地覺得無法和別人相處。每當他身邊有人，他時常覺得困惑，不懂別人爲何要那樣說或要那樣做，也常不知道要回應別人什麼？和別人在一塊的感覺，就是尷尬和困窘。

爲了不要常跑出這樣的感覺，他總是很快地就下結論：「我不想要和別人在一起，一個人比較輕鬆自在，至少不用去顧慮別人怎麼想怎麼認爲；我也不想惹得別人不愉快，增加麻煩，造成別人的負擔。」

他沒有注意到自己的信念如何地限制自己，在心裡設下一道無法突破的防線：「只要和別人在一起就好麻煩。我會成爲別人的負擔。」所謂的麻煩，正是那些自己覺得不擅長的劣勢，不懂理解別人的心思，無法感受別人的心情，也難以把自己內心想說的話表達出來讓別人理解。這些劣勢的狀況，讓他直接就想放棄建立關係，因爲要和別人建立關係就像是一題難解的習題，讓他只想迴避。

逃避心理，最好遇不到任何人

逃避有人際關係的人，一種可能像是這位男性，人際關係的互動經驗過於貧乏、不熟悉，不知道如何在關係裡呈現自己；另一種則是因爲早年的人際關係經驗太過糾結和具有傷害性，因此心中存著「人就是最危險和最可怕的生物」的防線。

無論是對「人」太無知，還是覺得「人」太可怕，無疑的，「人」都成爲令自己感到排斥的對象，尤其是那種無法預測也很難掌控的人，更是成爲最想逃避的對象。甚至有些人會說：「就算是不出門，都遇不到任何一個人，我也沒關係啊！」

寧可內在情感貧乏和空虛，也不願意嘗試和人有更多的互動和連結，這或許是現代社會無法迴避的情況。只是我們或許可以進一步思考：自我與關係是人生不能迴避的體驗和課題，少了關係，自我能完整嗎？

一個人的生活看似很自由，這樣的自由，少了和人的眞實關係，這樣的自由是眞自由嗎？還是只是一種自我欺騙的孤島？

05

孤寂對身心的殺傷力

有不少研究指出，孤獨會增加死亡風險，其對生命的危害不亞於菸害。一份關於孤寂的研究調查說，孤寂單身者的死亡風險會提高百分之二十五，等同於每天吸十五支香菸，孤寂對於健康和壽命的傷害由此明顯易見。

年老者較容易在城市中感到孤獨，特別是經濟狀況較拮据匱乏，受生理或心理疾病困擾，或是生活環境較差的老人。但也有研究指出，青少年才是人類感受到孤寂感的高峰期。

《遠見》雜誌在二〇二〇年四月號發表了一項調查發現，超過四成的民眾經常感到孤寂，青少年更是高風險族群。

報導中提及，有研究認爲孤寂症候群的發生可能源自於天生基因，但後天長期獨處、缺乏社會資源、社交疏離等，也是關鍵成因。所謂的「孤寂」，不但是一種情緒、一種感覺，亦會傷身。甚至有神經醫學專家將孤寂界定爲一種疾病。

在《遠見》雜誌這一篇文章中說到：「偶一爲之的獨處，像是無傷大雅的細菌，反而讓人產生抗體，了解內在需求。但長期沒被處理的孤寂，就像經年累月的病根，衍生交互作用，併發憂鬱症、心臟病、失智、焦慮、自律神經失調，嚴重的話，將導致免疫力下降，甚至致癌、致命。美國知名孤寂症候群專家，芝加哥大學認知與社會神經科學中心主任約翰．卡喬波（John T. Cacioppo）研究證實，孤寂會誘發身體發炎反應，影響人的感覺、行爲與生理，導致早逝。」

在現代化的世界，孤寂的族群，像是繭居族、孤老死或是獨居，已是全球社會的共同課題。英國政府甚至在幾年前任命官員爲「孤獨大臣」來處理國民「孤獨」的情緒議題和有關的民生問題。

一旦感到孤寂就進入警戒狀態

在孤獨的經驗中，我們究竟是在練習獨處，讓自我對個體性有充分的體認，更認識自己的存在，並增強內在安穩以面對有些時候需要面對的獨立作業、獨立運作時刻？

還是，我們的孤獨感已氾濫成災、慢性成病，中斷及封鎖我們與他人的連結，也讓我們遠離群體，更害怕靠近和親密，因而成為我們生命的一場災難，讓我們成為孤寂和疏離感的受災戶，失去了可以經驗充實及多元豐富人生的機會？

孤寂感，著實帶給人巨大影響。

各種研究報告均顯示，若人類長期隔離會導致抑鬱、焦慮和精神錯亂、恍惚，或是精神疾病；智力的發展也會有所影響，孤立的人在推理能力、記憶力和導航能力的發展，會遇到各種問題。

演化觀點解釋人類的落單，並不利於在大自然環境中生存，所以大腦將孤寂感演化成預警機制。一旦感到孤寂感，身心的戒備性就升起，使人際關係與生理健康都因爲這樣的警戒和防備處於高度壓力下，歐美文獻顯示可能提升百分之四十五的早死風險。

一旦大腦接收到孤寂訊號，便預設外在環境對自己不利不善，就會啟動自我保護機制，增加分泌俗稱「壓力荷爾蒙」的皮質醇，刻意忽略正面觀點以避免鬆懈於自我保護。此時會出現滿滿的負面情緒，人類的負面情緒正是因爲要「保護」我們遠離危險而出現。

此時，在與他人溝通時會不自覺地採取對立立場，或以較高傲防備的姿態應對等，這都是一種爲了因應壓力，處於緊張的模式。高度戒備的機制若長期未能解除，將使人際關係問題與被孤立的感受逐漸惡化。

對身體來說，壓力極高的緊繃狀態，會讓我們體內的組織和器官出現發炎情況、降低睡眠質量及伴隨睡眠而來的排毒功能，導致身體健康逐漸走下坡。有些報導就顯示，孤寂感影響早死的風險高於空氣汙染、肥胖、飲酒過量等。

究竟是否是孤寂感直接導致疾病，雖然還不得而知，但有孤寂感的人因爲對自己缺乏關注及照顧的動力，並且喪失對自己身心狀態的覺察意願和敏感度，都可能因此增加了患病的危險。

若從「孤寂」來解析當中所涵蓋的情緒，從原始情緒（和生存機制有關的內建情緒）：恐懼、生氣、悲傷和厭惡來分析，可以分解出孤寂是一種複雜的混合性情緒。

有不安無助的「恐懼」，有不被理解或不被在乎的「生氣」，有不受關注或失去連結的「悲傷」，也有對於人際或人類的排斥或厭煩的「厭惡」。至於這四種原始情緒的含量或強度的比例差異，就因人而異了。

缺少深層連結的互動，無法降低孤寂感的傷害

如何避免或減少孤寂感對自己可能造成的傷害呢？首先，需要先學習辨認出自己出現孤寂感的訊號，並實際地評估孤寂感對自身是否產生了負面效應。

許多人遇到了孤寂感湧現時，很常以快速急就章的方式來解除自己的孤寂感，但那往往像是麻醉藥一樣，只能暫時麻痺孤寂感的感覺。例如，以網路快速

搭建關係的方式，迅速地留言找人對話，或是在留言室裡頭尋求短暫的注意力，這種缺少情感建立和深層連結的簡易社交活動，並不能建立眞實及有品質的互動，一旦回到眞實的生活世界，仍是會感受到眞實的孤寂感大量浮現。

我們的中樞神經系統中，用以調節自動反應的第十對腦神經——迷走神經（vagus nerve），能調控回應威脅或壓迫的自動反應，即戰鬥、逃走或立定不動的反應。研究發現，迷走神經張力高的人較容易相處而且擅於處理壓力。

迷走神經張力高能使正面情緒更容易產生；而正面情緒也會提升迷走神經的張力，這是相輔相成的正回饋：

迷走神經張力升高↓帶動正面情緒↓創造**良好的社會人際互動**↓回饋正面情緒感受↓提升迷走神經張力

因此我們可以得知，正面情緒是促進身體健康以及創造良好人際互動的心理養分。

換言之，如果我們能與其他人保持良好互動，擁有眞正的親情友情，那麼我們在面對具有壓力的處境，例如面對陌生人或具攻擊性的人時，就得以讓迷走神經保持在放鬆的狀態，而非處於防守狀態，因此能夠從容應付高壓場面。若是能活化迷走神經而強化了副交感神經系統的活性，那就能幫助我們降低焦慮、激昂的情緒與負面的念頭。

身爲哺乳類的動物，人類若和鄰里的關係不良，缺乏正向的社交互動，不僅無法讓副交感神經放鬆，對於負責釋放情緒的杏仁核來說，就得不斷地激發出更多防衛性的情緒，以因應我們無法放鬆、處於高壓力的緊張狀態。長期下來，我們的身心健康勢必有一定程度的惡化，身心都會出現許多痛苦感。

這也是爲什麼我們都需要關切我們的人際關係，沒有眞實友善和交流的關係，感受不到從關係而來的關愛和支持，對身爲人的我們來說，都是具有傷害性的情境。只要在關係或環境中，受到大量漠視和忽略、攻擊和冷漠，對我們的健康都是不利的，不論是人格發展或是身心的功能，其受危害的程度都不能小看。

06／匆忙的社會，餵不飽的心理飢餓

現代社會就像是個醞釀孤寂感的發酵桶。除了生活本身帶來的各種壓力，城市環境可說就是壓力的來源，如噪音、隔音不佳、空間壓迫及封閉等、都可能增加壓力。

對於都市人來說，不僅是居住環境的不適，更大的壓力可能是疏離的人際關係帶來社交缺乏、情感冷漠的孤寂感。

不同的社會角色，可能帶來不同程度的孤寂感。

例如，工作型態的封閉和人際活動範圍的狹隘，會使人的孤寂感上升。各種大眾交通工具的司機、實驗室裡的實驗員、長期獨立作業的工程師……等等，因

爲封閉的工作環境加上長時間的人際斷裂、沉默及疏離，而會讓人對與另一個人互動和相處，缺乏興趣也缺少技巧。

擔任領導者角色的人，由於大多在發號施令，或是獨自處於思索的狀態，非常容易見到他們缺少溝通能力，或是不擅長和人談天說笑、交流情感。所謂高處不勝寒，他們更可能會缺少知心朋友，無人陪伴，也沒有人可分擔憂愁及分享快樂，其心中的孤寂感可能非常強烈。但即使有這樣的孤寂感，往往領導階層的人仍是以壓抑及獨自承擔來面對。

全職家庭主婦的孤寂感，常消磨著主婦的心。家庭主婦常自覺和社會格格不入，害怕被社會淘汰，卻也害怕無法適應或勝任再回到職場的生活。家庭主婦由於時常一個人面對家庭和孩子的大小事務，不見得能得到另一半或其他親友的了解和支持，沒有人可以聆聽和參與她面對喜怒哀樂的各種心境，其內心的孤寂感可能因此讓她覺得被排除，也被社會孤立。

即使擁有心理諮商專業如我，也會感受到孤立。那是很久以前，我在擔任醫學中心安寧病房的臨床社工師時，尚還無法拿捏及調節所面臨的工作壓力，特別是當病人驟逝，或是一天內多個病人離世，在沒有適當的傾訴對象，也沒有建立適當的支持系統時，孤寂感也常據心頭。對自己來說深刻而要緊的感受，沒有人可以訴說和理解，那種和世界斷裂的感覺，眞是特別深刻。

還有，高警戒及敵意的都會環境，也會讓人的孤寂感特別濃厚。當我們要隨時小心翼翼觀察身旁出現的人會不會對自己有敵意，或是隨時要防範別人沒有禮貌的打擾，又或是像有些客服人員整日在聆聽客戶的抱怨或指責，還被高層命令必須時時刻刻壓抑自己的情緒，得以親切友善的面容服務各種人時，內心累積對人的厭惡和排斥，可能會與日俱增。因爲那不僅實在讓我們太不放鬆了，甚至出現一種必須要更小心更謹慎的內心壓力，使得我們身心俱疲，能量耗盡。

這樣的情況，孤寂感也會冒上來，有種無語問蒼天，或是覺得自己日復一日的承受又有什麼意義？難道只是消磨自己的生命歲月？

自動化放空，感受不到自己

通常這樣的時刻，很多人爲了逃避孤寂感，會讓自己窮忙瞎忙或裝忙，參加很多活動或課程，或不斷上社群平台收發訊息，但這都屬於淺層社交，無法建立實質社會關係與親密感。就算現代人有網路通訊的方式，好像讓彼此連結更快速更緊密，但文不對題、話不投機、片面誤解訊息等等狀況，往往都是更加惡化人際疏離的問題。

現代人常見的心理困擾之一，是感受不到自己。特別是心越煩時，腦越亂時，或是感到自己人好累時，自己卻只是像個空軀殼，有如行屍走肉。

這時候，其實是最需要關照自己的時候——不論是陪自己沉澱，還是陪自己對話安頓內心翻飛的思緒及情緒，又或是需要好好懂自己身心的需求，爲自己做些修養身心的安排。

但是，眞實的生活中，這時候我們通常只能自動化地放空，然後無意識地滑動手機，把僅剩不多的眼力與心力，用在看快速閃過的影片或文章，或是打幾場線上遊戲……。

若是有一張或兩張圖文吸引了自己的目光，那麼我們就會把所剩的力氣拿來聚焦，好把所有的能量投入在觀看或是筆戰回應……，不然就是一直打手遊，直到我們筋疲力竭，不支倒下，好像這樣心靈才能眞的有些許安寧，以爲眞的可以休息了。

於是，大多數的人在自己越疲累時，反而越覺得無法和自己獨處。除了用一些食物祭一下自己空虛的胃及耗盡能量的心靈，有些人還會拚命在通訊軟體上找人說話聊天（弔詭的是，見了面反而聊不出來），來讓自己感到自己的存在不那麼虛無，有人聆聽，有人可以交談，即使有時候的交談其實是那種毫無焦點的漫談。

你不堪負荷，所以躲到遊戲裡

爲什麼現代人把越來越多的時間，花在大量使用電腦和手機，並且到完全無法自控的狀態，例如：只要一空下來，就拿起手機上網；走路、吃飯、睡覺前，都是手機不離手，並且無法停止使用；即使有家人、伴侶或孩子在身邊，也無法放下手機，停止瀏覽。

《在一起孤獨》的作者雪莉．特克在其著作中說：

「你不堪負荷，所以躲到遊戲裡面，然後遊戲完全占據了你，使你沒有空間容納別的事物。」

在這一本著作裡，雪莉．特克探討的是科技與人類生活的關連，似乎科技已經取代了人類眞正親密的對象。人不再跟另一個人親密，而是與科技來場親密到密不可分的共生關係。

這或許是科技爲人類生活帶來的改變，也可能促使人正在經歷一場不可迴避的「關係」型態的改變。但在我看來，這同時爲人的心理世界，帶來一場可能導致情感匱乏及空虛的崩毀性災難。

人，是哺乳類生物，哺乳類生物最主要的特徵是：群體生活、需要依戀關係、需要情感交流及互動，並在安全及信任的關係中，維護生命的生存及繁衍下一代。然而，截至目前爲止只有人類會使用科技過生活，甚至讓科技取代大量和同類及群體互動及親密的時間。

當我們和科技有著密不可分的關係連結時，也越來越減少和其他人類有意義的互動及真實親密，我們勢必會越來越感到情感匱乏導致的「孤單」、「空虛」、「心慌」，還有「無意義感」。

餵不飽的心理飢餓

嚴重的情況，我們可能一直處於心理飢餓的狀態。**所謂的心理飢餓，就是思想交流和情感連結的長期匱乏，所造成的心理空洞感**，這種空洞感甚至會演展成「黑洞」般的無底無邊狀態，好像可以吸進任何周圍的物質，卻又不會感到有任何的飽足與滿足感。

有些孤寂感，也會以無意義和茫然的感受出現。現代人往往把生命的意義和自我價值放在追求外在條件的成就，或是目標的達成所帶來的成就感，然而，那樣的成就感或價值感其實很短暫，因爲那種感受沒有情感連結，純粹只屬於自己的，所以也許會高興一下，但發現因爲和周圍的人無關，沒有人爲你高興爲你歡呼，這時那種高能量的快樂，很快就會煙消雲散，取而代之的，將是很深的落寞感和孤寂感。

所以，我們需要認知到，**真實的生命意義感和自我價值感，是和他人有關的**，但並非是競爭，也非是犧牲，而是**一種對他人有所貢獻的價值感，以及和另一個重要他人之間有深層情感連結的意義感**，這樣的情感體會才能保值且充實。

現代人在如此迅速又身心耗竭的環境下，是否還能辨識出及體認出眞正的價值及意義呢？我想這是這個世代必然要面對的考驗。

第二章

回溯孤寂，那些生命歷程的痕跡

你生命的前半輩子或許屬於別人，活在別人的認為裡。那把後半輩子還給你自己，去追隨你內在的聲音。

——榮格

我相信你會記得許多一個人的時間；一個人沒什麼人陪伴的童年、一個人沒什麼人懂你在想什麼的少年、一個人沒有人牽掛你或在乎你的生日、一個人沒有什麼人重視和記得你的歡樂日子……。你總是苦笑說：我記得的事很少，特別是那些快樂和幸福的記憶，我好像沒有過……。

其實你真正要說的是，你好像不記得有什麼和別人在一起感到快樂和幸福的記憶。你沒有感受到什麼溫暖，更從來沒有覺得誰會特別重視你、聆聽你、喜歡你，他們大都是要求和批評，更多時候是漠不關心，讓你覺得，他們心裡其實不歡迎你，以致你也不想再多期待什麼、多渴望什麼了。

我想邀請你，一起來關心自己。關心自己的孤寂有它的生命歷史、緣由，也有孤寂與你形影不離的原因。而我們了解它，正因為我們要準備接納它、擁抱它，你相信嗎？它的存在，是因為它在告訴你：你需要陪伴。

07／

因爲不安全感而逃避依戀關係

在漫長的生命歲月中，內心常感受強烈孤寂的人，往往都不是成年之後才開始湧現這樣的感受。

我們可以這麼說，會有孤寂感的人，是從很小就開始累積這樣的感受。這些感受出現在生活的各種時刻、情境和環境中。

孤寂感，也可以說是「情感失落」所引發出的發酵感受。對一個孩童而言，情感的陪伴和安撫，是和生理飽足一樣重要的生存大事，甚至有些心理學家認爲情感的需求是比吃得飽、喝得足，還更重要。

但是，事與願違，我們人生的初始階段，可能經歷不成熟的父母，或是無能力或無心成爲照顧者的人，對當時年幼的我們不關注及疏忽。其中會造成最大影響的，莫過於冷漠的父母。

不論是讓孩童經歷強烈起伏的發洩式情緒，或是讓孩子經歷言語和肢體暴力的恐嚇威脅，又或是無視於孩童的生長需求，將孩子隔離在密閉空間，禁止孩童正常地和社會環境互動，都會造成孩童身心發展的傷害。

在這種環境中生長的孩子，屬於童年逆境的創傷者。生長在負向環境的孩子，長時間處於高壓下，經歷到粗暴可怕的對待或威脅、攻擊，將導致身心處在高壓狀態，同時因爲難以經驗到放鬆及安穩，大腦的情緒中樞被迫不斷被激發恐懼、緊張、不安，如此就更難再去發展客觀辨識外界訊息的能力，以及解決現實問題的能力。

也就是說，在負向環境中生活的孩子，爲了生存，每天都要提高警覺，隨時處於高壓的警備狀態，對他們而言，已經不須去學習辨識威脅及危險程度，因爲威脅及危險是日常，也是時時刻刻存在的。

童年逆境讓大腦對威脅過度敏感

任何一個訊息對他們來說，都可能是威脅也是危險，他們的童年如此告訴他們。漸漸地，隨著他們的大腦杏仁核不斷大量釋放負面情緒，等於大腦會一直讓他們誤判所有的訊息都是威脅和危險，就像：「看到影子就開槍」一樣地過度敏感，也過度警覺。

大腦皮質前額葉區是我們調控情緒、控制衝動的重要區域，也是人格形塑的主要影響區域。但過度激發的杏仁核和海馬迴（情緒邊緣系統）將使大腦皮質前額葉的功能受損或受抑制，無法適當調節杏仁核，導致孩童出現情緒失控或是暴力行爲的狀況，最明顯的就是個體反應出對環境的陌生、不信任，還有過度緊張。

當我們還是小孩時，無法想像若是失去了主要照顧者，要怎麼活下去？就像是一個在大街上和父母走失的孩子，他的恐懼和驚嚇，還有無助的情緒，讓他眞的好害怕自己被丟掉了，回不到父母身邊該怎麼辦？

這是一種依戀天性。我們需要這一份重要的連結關係，讓我們深信我們不會遭遇被丟棄和被遺忘，我們不會無家可歸，不會在這世界上和誰都沒有關係。

這也就是再怎麼糟糕的原生家庭，再怎麼可怕或無情的生長環境，孩童還是會依賴，還是得依附在這樣的家庭環境，依賴不良家庭功能給予的不良照顧。

但是不良的照顧環境，和照顧者不良及不健全的人格，將帶給依賴的孩子許多身心的創傷和發展上的阻礙，也讓孩童產生對自我的扭曲錯亂感覺，像是覺得自己不值得存在、不值得被愛、是麻煩或累贅、不該存在……等等扭曲的負面自我觀感。當然，如此便不利於孩童去發展正向的人際關係經驗，特別是和主要照顧者之間的負面關係經驗，將會被個體視爲不可改變的命運及遭遇，而推演到後來的其他人際關係上。

如此形成的母嬰或親子依戀關係，是屬於焦慮和不安全的，對於孩童所需要的安全呵護及穩定溫暖的照顧，造成了損害。最嚴重的損害，莫過於使得一個人從原本要融入社群相處，自然而然就能與人互動及聯絡感情的狀態，變得退縮迴避和人接觸，恐懼和人親近。

焦慮和不安全的假性親密關係

在《假性親密》這本書，擔任精神分析師的作者馬克・伯格、葛蘭特・柏連納和丹尼爾・貝利，提出一個觀點，認爲「假性親密關係會無意識地創造假的連結，來避免他人靠我們太近，以保護自己不受混亂情緒的傷害，但同時也無法享受眞實親密關係所帶來的親密感。在假性親密關係中，給予和接受是具威脅性的，與他人的連結則是不可能令人滿意的。期望和要求永遠無法獲得滿足，是因爲關係中的任何一方，都沒有足夠開放的心態，來接收和揭露自己眞實的需求或欲望。在這種令人窒息的結構中，不可能發展出成熟、健康和充滿愛的關係。」

而之所以會有如此的現象，源自於幼兒時期的生存機制和心理創傷，影響著我們日後如何對待每一段關係。

這些交互作用的影響深深地儲存刻印在我們的大腦中，決定大腦會如何處理與他人產生連結時的訊息。不同的依戀模式，在孩童的大腦中形成不同的活動模式，導致不同的親子關係連結動力。

無論如何，一個無時無刻需要被關注的母親，和一個樂於陪伴在孩子身旁的母親，她們的孩子對於愛及陪伴的理解必然有不同的體驗（經驗值）。

而一個不論是一時興起或是偶爾需要被滿足的孩子，和一個必須一切靠自己自立自強的孩子，對於愛的體會也會有完全不同的認知。

如馬克·伯格他們所言，在生活的現場，我們必須盡快學會父母的人際關係規則；這些規則充斥在我們的生活之中，除非有人提醒我們特別注意，否則我們很少會意識到它們的存在。

關於這些規則：比如不要有所企求，或者應該隨時隨地心懷感恩，這些都可能會讓我們感覺孤立或空虛，但為了情感上的安全，或為了確保基本需求能被滿足，我們還是會去遵循。越是不安全依戀的關係，我們越需要討好、順從，或是假裝成另一個自我，符合父母及他們所設立的環境的各種規則。

在有些家庭，他們給予孩童的規則是：「不要吵」、「不要有意見」、「不要有情緒」、「不要哭」、「不要有動作」，甚至是「閉嘴，不要發出聲音」。這些訊息正在告訴需要依戀的孩童：如果你不識相、不聽話、不乖巧，你將會惹人厭惡，也可能遭受懲罰和羞辱，讓你再也不敢造次。

有些家庭則是父母無心擔任父母的角色，根本不想學習及了解如何成為父母，對他們而言，雖然孩子出生了，但他們不願意為了孩子而對他們本來具有的生活作息與習慣有任何妥協或犧牲。他們把孩子放一邊，任由孩子哭喊及感受無助，並且深信當孩子哭累了，他們就會學會靠自己，不願正視孩子尚是一個年幼及弱小的生命，需要有被撫慰、陪伴及妥善照顧的經驗，才能如實成長。

冷漠的父母也曾是缺愛的孩子

這種冷漠無感情的父母，有非常大的可能是他們在早年的生命經驗中，也是有一段冷漠而無情的不安全依戀關係。他們沒有經驗過當一個得到被妥善照顧及足夠關愛的孩子，以至於他日成為父母時，自然也不認為另一個孩子需要怎樣的照顧及陪伴。

美國二十世紀著名的心理學家哈利·哈洛（Harry F. Harlow），於他的研究論文《愛的本質》(*The Nature of Love*),以恆河小猴爲實驗研究對象,發表關於哺乳類動物,尤其是最接近人類的猴子,在被剝奪母愛之後,並且被安排隔離群體的情況下,小猴子會發生什麼樣的反應。

實驗結果震撼世人,不僅小猴子出現情緒不穩定、退縮、消極、恐懼、焦慮等等精神方面的錯亂及恍神,最殘酷的一項實驗結果是探討被剝奪母愛的雌性猴子成年期後,若是生育會怎麼對待自己的小孩?

研究發現,被剝奪母愛的雌性猴子即使到了成熟期卻不懂如何與公猴嬉戲交配,也不願接受求歡。於是哈洛的研究設計硬是將牠們固定住,強迫牠們與發情的公猴交配。結果,牠們在生理上雖然能生出下一代,但大多數時間卻不知道如何當個稱職母親,有些母猴甚至對自己的幼猴孩子置之不理,更嚴重的情況還會傷害和攻擊幼猴。

另一個設計是社交孤立。哈洛將初生的猴子孤立在隔絕籠裡生活六個月,之後這些猴子都出現嚴重的社交能力缺乏。若將在正常社交環境下長大的猴子,孤立六個月再回到正常生活情境,也只能夠復原部分的社交能力。

還有一項讓世人震驚的研究結果是面具實驗。哈洛猜測「臉」是愛的另外一個變數，意卽孩子是經由表情在傳達及感受愛。於是，哈洛把初生的猴子與一個臉部沒有任何特徵、絨布做成的假猴媽媽關在一起，當小猴子依戀了無臉的假猴媽媽之後（產生了依戀連結），哈洛再把逼眞的猴面具安裝在絨布假猴媽媽臉上，小猴卻開始害怕這隻絨布假猴媽媽。

這一項研究結果或許告訴了我們，我們會從母親或照顧者的臉部表情，來進行解讀是否是安全的、是否是被愛的。而平靜穩定的表情，可能是提供安全感體驗的來源。

這一連串的研究，雖然受到動物保護團體的抗議，因爲對被剝奪母愛的小猴來說，實在有著殘忍且不可逆的後果，傷害其心智和身心發展毋庸置疑；但對二十世紀的世界來說，哈洛的一連串研究結果卻可能拯救未來的世代，讓人類可以不必再讓無數世代承受因錯誤的教養觀念與態度，而對人性格的塑造造成了一定程度的扭曲及不幸的代價。

但卽使如此，不了解甚至沒聽過哈洛理論的，大有人在，卽使要身爲父母了，是否能具有照顧和呵護孩子成長的心理素質及能力，這仍是一個未知數。但對於許多在孩童時期有著不安全依戀關係的人來說，長大後不再依戀關係、不再企求關係，這或許是無奈、無力抗拒命運下的一個自然而然會有的選擇。

08／愛與正向情感匱乏，對自己的情緒感受麻木

寂寞，可以是壓倒性的痛苦，並可能會致命。所以有非常多人會用各種轉移的方法，不論是轉移到追劇或是投入在聲光影像效果十足的手遊中，或是不停地安排一些超過負荷的活動塡滿行事曆，就是不想有靜下來面對自己、感受自己的時間。

人越因孤寂而焦慮，就會產生越多轉移注意力的行為，這是一種尋求平衡的補償行爲。

寂寞，源自於嬰兒時期，表現出需要愛的正向反應時卻感受到敵意與落空。一些人際理論都提及寂寞是人類最痛苦的經驗之一，是人與人之間接觸的需求無

法滿足的結果。

當寂寞發生而產生焦慮時，會促使人激發出想要去接觸他人的渴望。但缺乏正向情感經驗的人際關係壞感受，會壓制我們的內在，讓我們必須迴避或否認這種需求。於是，我們內在形成一種非常難受及衝突的感覺，既想接近卻又害怕，也就是我們時常說的：「既期待，又害怕受傷害。」

你可記得，上一次和另一個人好好交流和連結情感，是在什麼時候？

我們的內心都有種渴望，希望能在關係中感受到充實和深刻的心靈滿足，那是一種來自深層的親密連結感的需求。那可說是一種你相信也體認到，生處在這個世界，有另一個生命深刻地參與你的人生，懂你及理解你正在努力什麼，又在往什麼樣的人生方向前進，即使有所艱難及付出一些代價，他仍明白你在堅持什麼，又在奮鬥什麼。

而更多的需求是，我們的情感需要滋養；心靈受到滋潤，能讓我們如沐春風，感覺到一種寧靜與和諧，也令我們覺得存在是何等美好，眞是慶幸自己存在，才能體會到人和人之間的情感交流與溫馨。

沒有得到正向情感回應的空虛

這種深刻理解及情感滋養，是我們內心感受到溫暖及得以安穩存在的來源。

但是，若是日復一日，我們只是像台機械一樣運作，拋出自己，給出最大的情感勞動，不停地應付外界的要求及期許，卻沒有一刻感受到外界乃至自己，給予自己正面的關注及滋潤，給自己些許肯定及正向回饋，那我們給出的自己、空洞的心靈，就會在情感耗竭中乾枯，使我們降低對人生的希望感，取代的是強烈的厭世感和疲憊感。

情感，是生命的能源，也是我們堅持生命的動力。無論那是關注、包容、容許、接納、同理心、回饋及正向肯定，還是愛，都會讓我們因此感受到存在的意義，及啟發我們貢獻自己的生命回應這世界。

這樣的情感滋養和情感恢復，是任何的食物、影片、遊戲不能穩定提供的。往往那些我們使用來轉移我們情感需求的行爲（上網、購物、看劇、飲食、菸酒），雖然好似眞的有那麼一些效果，感覺有一點愉快、嬉鬧、喧嘩、興奮、輕鬆，但只要停下來不做這些行爲，或是不再能從中獲得任何補償效果，你便會立刻感受到有點麻木、空洞，而需要更多的刺激、更多的分量或強度，找到更多新奇的方法，來麻痺自己空虛匱乏的情感能力。

而當我們爲了塡補空虛匱乏的情感，無法克制地一再使用一種麻痺自我及轉移自我的方式時，我們就被這種上癮的方式所支配及操控，成爲了它的俘虜。還有什麼比「孤寂」更可以讓人想盡辦法找尋東西來讓自己上癮呢？

現代諸多打發時間的形式，讓人盲目地一日復一日，一天過一天的無感和麻痺，不正是因爲孤寂感嗎？這種孤寂感含有大量的無意義感和無價值感，也有著覺得自己沒有獲得關注及重視的無存在感。

依照上癮行爲的機制，當人越無法處理負面情緒，越感受到負面情緒的痛苦時，上癮行爲就越容易被觸發，舉凡宣稱能讓人忘卻煩惱、獲取快樂、永保正能量的，都有可能形成上癮。畢竟有喜怒哀樂的情緒感受是人之常情，爲了迴避及否認感受到的痛苦或是難受的情緒，人就有可能會製造出許多補償的作用，企圖想要平衡那感受到的失衡或缺洞。但只要像是補償不完的無底洞，並且必須不停地追求及消耗許多的精力和成本，造成無限的惡性循環，那麼上癮的可能性就非常高了。

所以，在這裡我們就可以看見一個問題：「**為什麼人要不停地追求補償行為，或以上癮的方式來迴避感受自己的感受，特別是負面情緒呢？**」

切割感受，將自我與情感隔離

情緒麻木或隔離的狀態都是呈現自我和情感之間的關係時常斷連，不是對自己的情緒無可奈何，就是對自己的情緒置之不理。但是，人爲何要時常斷連呢？那是因爲情緒感受或活動太多了，人就不舒服，或是感到快被淹沒而當機，因此習慣切割感受、將自我和情感之間隔離。久而久之，隔離久了，大腦就習慣必須斷線或隔離，才是個體需要的生存狀態。

若是我們的生長環境，時常對我們不聞不問，或者咆哮怒吼，不論是過於疏離還是過於暴力的對待方式，個體要在這樣的環境下生存，就必須遠離自己的感覺感受，否則每天都在折磨中度日，早晚會因自己的龐大情緒而滅頂。

這是我們的防衛機制的功能，以確保我們在惡劣的環境及危險之下能生存，卻也造成我們與自我的情緒感受斷裂、隔離。

前述的狀態，是現代人爲何常出現情感方面的困擾或是疾病的原因之一。無法關照自己的情緒，無法成爲自己情緒最重要的調節者，對自己的情緒感受相當陌生，也相當懼怕。

當我們試著像照顧身體一樣照顧自己的心理時，很重要的方向就是——關照自己的情緒。我們的情緒低落或高漲，都會影響我們內在的狀態，也會影響我們和外界的人我關係。當我們常忽略或排斥自己內心的情感狀態，勢必越不能覺知自己的情感，也越不關心自己。

若我們對自己的態度是漠然的，孤寂感會更加劇。雖然我們會很自動地遠離或切割自己的感受，但奇妙的是，個體卻能感知到內心沒有情感滋潤的空洞和親密感虛空的孤寂感，因此才需要轉移和迴避。

人畢竟是哺乳類生命，就像所有哺乳類動物一樣，群體和安穩的依戀關係，是我們天性中的渴望和需求。無奈的是，人類比其他動物更會掩飾和自我欺騙，才會抗拒這樣的天性，寧願忽視自己的情感需求，也不願經歷和人互動相處時，必然會有的喜怒哀樂。

09／對「和人相處」感到陌生和不安，寧可戀物

到底孤寂的人有多不想和人相處呢？或有多怕和人相處呢？

就如個體心理學派創始人阿爾弗雷德．阿德勒所言：「所謂人生的問題，就是人際關係的問題。」這也是一種社會適應的問題。許多人把原生家庭的關係互動經驗，毫無質疑、自然而然地就延伸到後來的其他人際關係上，用和家庭成員的互動經驗和模式，想當然耳認定別人就該這麼和他互動，或他該這麼和別人相處，並且讓他滿意。

一個在家中被寵溺的孩子，以家中小霸王的姿態成長的人，到了社會就毫無顧忌地要別人也順從他、討好及服務他，並且要以他為中心、繞著他的需求轉，

不要製造什麼困擾或麻煩事給他。

若在家中是以最沒地位、最不受寵的孩子存在著，任由他人指揮和支配，他以聽話和接受指揮爲己任，完全不敢有自己的觀點想法，也必須壓抑自己內在的情緒感受，那麼他到社會上也會習慣沉默、安靜、聽從，以及視發表意見爲可怕的事情。

若從小就和身邊的他人有著非常極端、不合理，充滿糾葛或是拉扯的互動關係呢？他很大的可能是，要不也如法炮製這樣的情緒性、歇斯底里的互動模式，要不就是會徹底疏離，以切割的方式拒人於千里之外。因爲對他而言，人都是一種「失控的生物」，既無法預期也無法控制，既會突然之間鬼吼鬼叫，也會以失控的、不可理喻的各種令人招架不住的作爲，傷害他人。

爲了要與這樣的「危險」保持距離，個體就必須極爲敏感地提高警覺，或是以一種無意識的緊繃僵硬，來防備受到這突如其來的攻擊驚嚇到。我們可以想像一下，如果一個人每一天，分分秒秒中，都必須得要提高警覺，或是隔離切割，那麼這個個體的身心會如何？人際關係的影響又會如何？對於人格的形成又會是如何？

無論如何，這都將使我們對「人」產生極大的不安全感和敵意。

因爲人好麻煩

有一位女性正是這樣長大的。她很不喜歡有人靠近她，特別是在辦公室時，只要一有人走過她身邊，就會引起她的不舒服，嚴重時甚至會有厭惡和噁心的感覺。

她不知道自己怎麼了，也想不起來從何時開始，或許從在校時期就是如此，她總習慣坐角落，至少要和同學保持一些距離，當然更要離老師遠一點。

她走在路上，或坐公共交通工具，都會把背包抱在胸前，這樣會讓她覺得有個隔離物，不會讓人直接靠近她，或觸碰到她。

在公司時，她不喜歡和人講話，也不喜歡有人想要試探她的隱私，或是找話題和她閒聊，每遇到這種時候，她心中都會泛起反感，不然就是煩躁，不懂爲什麼非要和她講話不可？

她對周圍的人一點兒興趣都沒有，對她來說，工作就是把交辦的事情辦完（不是辦好），然後可以準時下班回家，進入她喜歡的言情小說。在言情小說的世界，她不用跟人說話，台詞也都被寫好了，她只要想像就好了，不用理會現實環境中複雜的心思，或是明明不懂卻得裝懂別人的談話。

她常不自覺地冒出「人好麻煩」的念頭，也不想去理解自己到底為什麼會覺得人好麻煩。從小到大都有人抱怨她說話很不中聽，又說她做人很自私，但她其實都聽不懂他們究竟在說些什麼。難道不想要自己的世界很複雜、很煩，也不想理會別人的事，這樣不行嗎？為什麼那些人都要那麼生氣地教訓她，又說她很不社會化、不顧慮別人？

在她的反應和表述中，可以感受到她對於這世界、這社會的運作方式，覺得非常不解，但也沒有意圖想要理解。她明顯地排拒人，即使她也會覺得孤寂或是空虛，有時候也會感覺到哀傷，但她還是寧可一個人就好。若問她為什麼，她就會毫不猶豫地說：「因為人好麻煩，我不想理他們。」

我們可以這樣看，她的內在已經形塑一種她的生活風格：人是麻煩的動物，就算要了解或溝通也很困難，既然你不想了解我，我也不想了解你，我們就離遠一點，不要接觸到就算了。

早年經驗形塑的生活風格牽引生存之道

「生活風格」是阿德勒個體心理學中關於自我形成的著名理論，他認爲每個人的早年記憶和童年生活經驗，會讓個體形成屬於他獨特的「生活風格」。而「生活風格」是由個體的早年經驗所產生的「個人邏輯」所發展出來的，個體爲了求生存，爲了求得生存的利益，即使是錯誤的意義，或嚴重偏誤（思考缺陷），個體還是會由此形塑、發展出自己的生存之道，並且深信不疑這樣的生存之道才是最佳的生存方式。

當我們還是小孩時，我們都知道孩子尚未有多元思考及複雜思考的能力，特別是六歲前，一切行爲的驅動力並不是來自理性思考，而是來自情緒感受。這是生命發展初始階段的需要，也是必然，畢竟保有情緒的敏感度及警覺性，我們才能憑藉本能立即趨吉避凶，閃開危險，獲取生存。

但也因此，孩子時期所經歷的生活經驗，會引發並儲存大量的情緒經驗，並且在未能篩選過濾，也未能理性客觀判斷的情況下，我們會因爲小孩時期的角度、眼光還有體驗，對一些情況深信不疑，並偏頗地解讀那些經歷到的情況，對於爲什麼會如此發生，失去客觀現實感的認定。而往往**這些偏頗的解讀及失去客觀現實感的認定，最容易出現及演變的結論是相當簡化的二分法：「我很可憐無辜、世界很可怕可惡」，不然就是相反：「我很壞很可惡，這世界是完美、正確的」**。

這樣的簡化二分法，正表示孩子沒有多元思考的能力，也無法客觀收集資料及分析歸納，因此不顧及到現實世界究竟是怎麼回事。這也就形成後來的我們時常出現「情緒是眞實的，卻未必來自事實」的大腦神經自動化反應。

早年人際關係的經驗值，塑造我們的生命風格以及個人生命信念的邏輯，讓我們無意識地運用到後來的人際關係，以及其他的生活環境中。

孤寂的人之所以會產生「和人相處」感到陌生和不安，寧可戀物或沉迷於某些活動中，而不願意和人互動或交流，大多來自早年經驗中，和環境中的照顧者及其他存在的人相處，遭受挫敗和打擊，也可能遭遇到敵意攻擊，而產生出對人的迴避和排拒。

至於情感需要陪伴和關注的本性需求怎麼辦呢？

「戀物」就是許多人無意識會進行的選擇。把自己的情感投入在「不會陰晴不定」、「不會咆哮怒吼」、「不會恐嚇威脅」，也「不會變心背叛」的物體上，是最安全不過的選擇。就算只是單方面的關注和投入也沒關係，他們從來不敢奢求會有雙向的回應和互動，因爲那樣就不需要去考慮對方的心思和意念，不必再提心吊膽和緊張焦慮。對需要控制感的人類來說，和物體的關係才是最能安心的「關係」。

但這樣的戀物，也可能讓個體失去處理物品的能力，而漸漸成爲囤積狀況，生活充塞著各種化解不開的堆積物，卻怎麼也斷不掉轉移在物體上的依戀需求。

10／在這情感疏離及壓抑的社會啊

孤寂的成因，有一大部分不能排除社會環境和文化的影響，我們身處在社會中，社會影響我們，我們也共同建構社會。說到孤寂感，各國的孤寂感成因，都會因為文化因素而有所差異。

雖說有關孤寂的成因，有一定程度源自於先天基因，也就是遺傳的影響，但後天的不良社交經驗，像是長期孤立獨處、缺乏社會活動，以及社交障礙等，都是關鍵成因。不擅溝通，曾遭受學校及職場霸凌，更易產生「社會退縮」。

產生社會退縮和社會疏離，人離群索居，等於和自己同類族群隔離，也就難以經驗到人與人之間的情感交流和互動。

但有許多人卽使並未面臨如此嚴重的程度，孤寂感也仍是如影隨形，這和華人社會長期習慣服從威權，必須習慣壓抑，也幾乎鮮少有情感交流的經驗，有很大的關係。加上台灣受過日據時代統治，多少受日本社會文化的影響，去個體化、必須壓抑個人情感的展現、自我要求及批判、嚴格禮教……等等思維或態度，讓許多家庭代代以來，如果不是既沉默又嚴謹，不然就是不擅情感和言詞表達，彼此之間卽使長時間相處，關係也是空洞的、冷淡的、無趣的。

但就算很有個體性，很健談，也很能表達溝通和社交的人，並不表示就會跟孤寂的感受絕緣。

沒有人懂得眞實的自我

英國BBC在二〇一八年情人節時啟動了一個孤獨實驗，來自全球各地的五萬五千人參與了這項調查，成爲史上最大的一項針對孤獨所做的研究。此項實驗發起人克勞蒂亞·哈蒙德（Claudia Hammond）總結這項調查結果，並訪談三個人探討了他們的孤獨經歷。

根據這項實驗的報導，發起人克勞蒂亞表示：「就像身處茫茫太空，一種空虛感。無論你有開心的事，還是不開心的事，沒有人可以傾訴。你的生活中少了這些人時，你會覺得舉步維艱。」

其中一位受訪者米歇爾．勞埃德（Michelle Lloyd），那時正值三十三歲，住在倫敦。她個性友好、健談，對自己的工作自評也很滿意。這種生活狀態對旁人來說，已經無可挑剔，但米歇爾卻仍會感到孤獨（孤寂）。

她曾在不同的城市生活，朋友遍布英國，週末朋友們都忙著照顧孩子。她下班後會和同事們一起去喝酒，但她說這正是她沒有「深交好友」的原因。

「我很擅長聊天，和誰都可以聊，但這並不代表我能和他們建立長久的關係，」米歇爾說：「你就像身處在一個讓人感到膽怯的人群之中，你不想讓其他人了解『眞實的你』。我總有一種揮之不去的孤獨感。從十幾歲開始，我就感覺我有些與衆不同，和大多數朋友也不太合群。在過去的五年裏，這種感覺愈演愈烈。」

米歇爾經歷過焦慮和抑鬱，她發現這只會助長她的孤獨感，因爲她發現這些負面情緒無處發洩。「和一些人交往時，人們問我過得如何，我總會說『我很好』。這幾乎就像是一種靈魂出竅，明明昨晚我還在爲了睡覺而犯愁，在別人面前時，卻表現得非常積極。或許只有我自己知道我有多孤獨，這種感覺從來都沒法與人分享。」

透過米歇爾的主訴摘要，我們可以了解到幾個重點：

1. 無論外向或內向，都會感受到孤寂，最主要是沒有深交的關係。
2. 淺層社交或許可以打發時間，但沒有人懂得自己內心的感受，讓人的孤寂感更爲加劇。
3. 若和周圍的人際圈沒有共同經驗，或是自己的生活過於獨特，會使得孤寂感上升。
4. 無法面對眞實的自我，也覺得沒有人認識眞實的自己，這讓我們的心和外在世界產生難以一致（同一性）的疏離感。

那麼，現在我們聚焦談論一下關於「社會文化」如何影響我們無法感受到內、外在自我的一致和統整。

只敢讓別人看到完美表象

越是崇尚包裝、表象、面子和要完美的社會，最能讓人感受到自我分裂，也為人帶來焦慮和抑鬱。

當我們的社會越是拒絕聆聽關於生命的真實感受，沒有興趣認識真實的彼此，反而追求許多表面的包裝，或是滿足人們對於完美的期待和想像時，那麼人們就傾向於把那些看起來美好的、漂亮的、精彩的一面，給予別人看，卻把那些我們認為沒人想了解、想看的，甚至覺得是醜陋的、難堪的，全丟在腦後，或隱藏壓抑在內心深處。這樣一來，往往離開人群時，就是獨留自己一個人面對那些自認為不堪的、脆弱的、羞恥的種種負面情緒，以至於無法自拔。

有些人，包括前文提到的米歇爾都這樣說過，看到別人在臉書或IG放上那些既幸福又光鮮亮麗的生活照片時，內心的孤寂感就越陷越深。我們眼中看見別人的閃耀和精彩，卻獨自在品嚐自己的孤單和寂寞，或是在自我懷疑下，產生滿腹的愁煩和憂鬱時，那種覺得自己處在社會上是很失敗的感受，就會悄悄升起。

越是強調成功、優秀和競爭的社會，人和人之間的信任感勢必受到很大的影響，甚至損害。越是被社會定義爲成功的人，很有可能是一路競爭，承受許多阿諛奉承，勾心鬥角歷程，在職場叢林裡具有八面玲瓏的社交手腕，才能一路闖關；更可能經歷昨天是朋友，今天卻在商場或職場上變敵人的變化。所以職場上才會很流行一句話：「沒有永遠的朋友，也沒有永遠的敵人。」更有一句話說：「敵人的敵人，就是朋友。」

這些潛移默化的社會氛圍和社會運作規則，都會影響我們看待職場關係和人際經驗。往往最大的影響，就是「信任感」的崩落。如果我們曾經在職場上遭受過背叛和霸凌，那不僅嚴重損害我們的自尊，讓我們的自信心破碎，還會讓我們頓失信任的能力，不知道該怎麼再和人合作及共事。

被主流價值支配，無法信任人

在我的諮商經驗中，我聽到許多當事人告訴我，他們無法信任人，特別是職場環境，深怕一不注意就被出賣或被背叛。

無法在生活中信任伴侶，無法在職場上信任同事，無法在社會上信任社群，這些經驗都會使我們生活得戰戰兢兢。看到別人開心有成就感，就暗自看低自己，然後嫉妒和自卑地希望別人也會有跌到低谷和落魄的時候。

若是我們必須以這樣懷抱著怨恨和敵視的心態來過日子的話，那人能不孤寂和抑鬱，也是奇蹟了。

所以，我們需要學習調節自我情緒，更需要學習統整內外的自我。越是無法清楚認識自己，越是害怕呈現真實自己，而必須刻意隱藏或假裝的話，長期下來我們會過得非常耗竭，也會否定自我，心情低落。

若是沒有覺察社會氛圍及主流文化對自己的影響，那麼我們可能無從發現究竟自己是如何受到社會的支配和操弄，那麼可能會一直沮喪、一直對自己不滿，卻遲遲無法意識到，我們始終沒有正視自己，也沒有承認和接納眞實的自己。只是一直無意識地受主流價值所操弄，以爲必須要那樣追隨成功優越，才算是個能被這個社會認可的人。

無法具有多元價值的社會，將無法提供社會成員找到屬於自己的獨特價值，那麼這種只有唯一標準和唯一價值的社會，勢必會讓很多無法受主流價值標準肯定的人，遭遇到很大的排拒及壓迫，像是年長者、中年失業者、喪偶者、疾病患者、天生殘疾者、後天損傷者……等等。若還必須受到很大的不理解及負面評價，則鬱鬱寡歡感受不到社會的支持及包容，就會讓我們孤寂成傷了。

11／童年缺乏信任及親密感，造成對關係的絕望

對一個孩童而言，成長中缺乏來自父母溫暖和安全的照顧，無疑是讓人很沮喪及挫折的早年生命經驗。

當父母無法依據幼兒的身心需求設置有利成長的好環境時，無論是對幼兒過分地苛求，或是過度溺愛放縱，都將使孩童無法在充滿安穩的愛與安全感中穩定成長，也將影響人格形成的穩定度。

爲了因應這樣的生存處境和環境，以及各種生存需求，個體的身心在還未能充分意識下，即已自動形成適應模式。這種適應生存的模式，並不是個體在「意識」下所做的選擇，而是個體身心的特質及傾向，和環境還有和主要照顧者

互動下，交互作用所共構而成的。爲了適應生存環境，個體的身心會自動發展出當下相對有利的生存方法，促使自己獲得生存。

但在這個情況下，個體仍掙扎於生活處境當中，衍生不安和焦慮，於是一方面要做出能獲得生存資源的適應模式，另一方面要承受自己超載的身心症狀，自然很是辛苦。

童年，是一個人一生的基礎，是形成我們內在系統的核心。這段時期可以說是個體發展自我重要的養分階段，也有學者喻爲發展基礎的黃金階段。雖然對有些沒有接觸過心理學理論的人來說，把人的行爲和性格都訴諸於童年的影響及結果是無稽之談，但許多的科學研究或人類行爲與發展研究，都證實童年經歷所產生的效應是難以估計的。

不幸的是，往往在造成巨大影響的童年時期，我們無法意識及得知我們究竟經歷了什麼，然而，到成年期之後，當我們開始意識到童年對我們的影響，以及到底在我們身上產生什麼樣的蝴蝶效應時，又往往太遲或是無法逆轉了。

早年的依戀關係影響成年的戀愛與人際

英國精神學家，也是心理學家約翰．鮑比（John Bowlby），於一九五〇年提出的依戀理論，對幼兒心理學影響深遠。他以剝奪母愛的實驗研究聞名。他提出母愛剝奪對人格的發展有相當程度的不良影響，並且透過他學生瑪麗．愛因斯沃斯（Mery Ainsworth）的研究證實，早年建立的依戀關係模式，會延伸到成年期的戀愛關係中，甚至擴展到其他各方面的人際關係上。

瑪麗．愛因斯沃斯在報紙上刊登了三個題目的小測驗，徵求大眾的答案，嘗試以此進行測量：

1. 我很容易與人接近，信賴他們或讓他們信賴我，是件開心的事。我不怎麼擔心被拋棄或害怕別人離我太近。
2. 與他人接近讓我不安；我很難完全相信、依靠他們。有人對我太親近時，我會很緊張，並且愛侶想讓我更親近一點，我也有點不自在。

3. 我想讓人親近我，可別人不情願。我常擔心我的同伴不是真的愛我或者想離我而去。我想和他人完全融為一體，可這個願望有時會嚇跑別人。

這三個題目對應到的成人依戀型態是：安全依戀、焦慮逃避型依戀，和焦慮抗拒型依戀。這三種依戀模式，正是來自於早年生命的母嬰依戀關係經驗所產生的模式。

約翰．鮑比在諸多實驗研究中，觀察到一個已滿十五個月的幼兒，在經歷與母親分離後，會有三個階段的變化：抗議、絕望和疏離。

階段一，孩子會立即或是延遲性的抗議，通常可以持續幾小時到幾天。此時的幼兒會表現出對於失去母親的強烈痛苦，並試圖以自己有限的一切資源喚回母親。可能會大哭大叫、晃動床欄、大發脾氣，並且時刻關注任何和母親有關的影像或是聲音；同時出現拒絕其他的替代者，或想要安撫他的人。

階段二，感到絕望，繼抗議階段之後，孩子仍會因為想念母親感到痛苦，但是主動性的身體動作或情緒張力已經緩和下來，有時候甚至是安靜的，然後間歇性地哭泣。這時的孩子可以看出明顯的消極及無望感，像是一種筋疲力竭後的無能為力感。此時很容易被誤解他們的痛苦得到緩解。

階段三，繼抗議和絕望階段之後，孩子就會進入疏離階段。所謂的疏離，是孩子已經不會對「母親」有所期待和需求，相對同年齡仍強烈需求母親的兒童來說，這些採取疏離及冷漠的孩子，已經對原本依附的母親失去了興趣。他們會接受其他照顧者帶來的食物或玩具，但對依戀的對象已經不抱希望。若是重複和照顧他的照顧者（母親之外的大人）分離，經歷數次失落的孩子，將失去對照顧者的信任和依賴，不再依附任何人。也就是在他們的心中，已經沒有特殊情感的對象，他們不再連結、依附任何一個重要他人。

這是一種在關係中呈現出來的退縮和消極，不僅沒有活力，更且對整個世界都採取拒絕及退縮的狀態。他們不再擁抱世界，當然也不再和任何一個人擁有親密的情感。

在孩童的世界，熟悉的可信任者是非常重要的存在，具有安神作用。若孩子**和照顧者，特別是最重要的父母親關係不良、疏離、冷漠，經歷到不可信任的遺**

棄或背叛，那麼孩子等於感受到被世界孤立；因爲他的世界就等於是父母，父母的拒絕和冷漠，將造成他與這個世界的斷裂。

產生敵意和不甘願的孩子，會和令他失望和失落的父母生氣拉扯及糾結，但若是他徹底從心中挪去對父母的依戀情感，那麼，父母就再也走不進他的心中。

或許父母並不會了解到這樣的發展及變化對孩子的未來會造成何等程度的損害，但就這個孩子而言，在他未能意識到自己的情感障礙及親密障礙等問題需要協助及治療之前，他都彷彿活在一個異時空中，走不出他內心的山洞，而別人也走不進他內心的山洞。他只能在自己的山洞中，受自己煩亂痛苦及孤寂的情緒折磨，別人不會知道他究竟發生了什麼，他也無法讓別人理解屬於他的內在世界。

原生家庭代代相傳的枷鎖

然而，失去親職功能的父母，除了本身的幼稚性，無法讓他們承擔起親職責任之外，最大的原因還是來自代代相傳的負面教養態度和方式，使得他們在孩子年幼極需要呵護和關懷時，採取冷漠及忽視的態度。

對許多華人家庭而言，生兒育女並非出於愛，而是出於一種「投資」。父母像是創投公司的投資者，而兒女要負責擔任「績優股」，讓父母覺得這一項投資是值得的。因此兒女負責打拚出可以炫耀的業績，而父母負責拿出更多更多的資源，藉由兒女的表現得以獲取更多的利益和保障。

這種父母如同投資者而向兒女索討利潤，否則就是賠錢貨的念頭，如今還是很多權威型父母的價值觀。在這樣的親子關係之間，所有的要求都是關於回報，而不是眞心的情感連結和維繫。當父母覺得他們投資很多，身爲兒女的你卻沒有回報足夠的利潤和優秀表現時，那麼你就是一個可能要遭受剝奪及斷援的失利股。然後給予大量的指責和道德勒索，要求孩子應該要如何順服及達成期待，才是符合標準。

這是華人家庭和親子關係長久以來的文化和結構，因此要在家庭中談愛的實踐、談情感眞實維繫，或談親子彼此的尊重和祝福時，對我們的社會而言，都是難上加難的一個糾結難解的議題。

當孩子在這樣講求功績和回報的家庭中生長，自然可以料想到，他不會感受到愛與情感。

曾經，我在一個對大學生演講的場合，有個大一男生在演講的問答時間問了一個問題，在我聽來，其實是他的一個感觸、一個困頓。他說：「在一個父母每天都在跟你說你欠他們什麼，他們在你身上花了什麼錢，不斷地計算你從小到大的開銷，然後要小孩表現得讓他們覺得值得、划算，有這樣的父母，孩子不愛他們也是正常的吧？只要考到他們要的成績，以後賺到的錢還給他們，就兩不相欠了吧？可以和這樣的父母沒有關係嗎？」

聽後，我感受到的不是這個孩子表面的訊息，而是他內心的難過及失落，所以我同理了這個孩子，回答他：「這是一件很令人遺憾和難過的事情，因爲家要帶給我們的意義並不是如此，雖然我們尚不了解這樣的父母基於什麼樣的生命經驗和價値觀而這樣對孩子，但就孩子的早年生命經驗來說，這是一份眞實的失落，也是一份生命的孤寂。但我想對這樣的孩子說，不論後來我們會與這樣的父母有什麼樣的關係，**我們都可以先擁抱自己，理解自己的失落和失望，同時給予**

自己一份真心的愛，試著超越我們原生家庭的限制，即使過程很艱難。」

如果可以，我們可以試著相信，早年生命經驗中的失落與孤寂，仍然可以在往後的生命得到療癒及改變。

12

負面的人際經驗，導致不完整的自我

每個人會感覺到的孤寂處境和頻率不盡相同，研究顯示這與人格有直接相關。精神醫學家卡倫．荷妮將因應生存的基本焦慮，分成三種反應性格，分別是依從性格、攻擊性格與離群性格。其中的離群性格指的是個體不與人親近的性格：表面上獨善其身，潛意識中卻是對人際感情敏感，借離群以保持人我之間的安全距離。

在我們十一歲左右，大腦的發展有了初步的成形，童年的生活經驗，加上我們的天生氣質，逐漸地形塑成我們的獨特人格，雖然尚未成熟，但可以看出一些性格傾向的端倪，也就是具有持續、穩定及一致性的特質，不論外在環境怎麼刺激或變化，我們都以這一組人格模組去對應。但是此階段（青少年）若是有人格方面的適應障礙，仍不能鑑定爲「人格疾患」，因爲青春期仍然有許多身心的變化性存在。

到了我們的成年期，也就是十八歲時，這時候我們的人格已經趨於穩定型態，人格樣貌和一組符合個體人格的行事作風和情緒、認知模組，可說是成熟底定，此時若發生人格發展障礙，就要考慮人格疾患的可能性。

自我的成熟度是影響人格發展的重要因素。心理學家榮格認爲，自我有獨立性、連續性、和統合性的三種特性；這三種特性是個體自幼在生活經驗中逐漸發展而成的。自我之內雖然有意識與潛意識之分，但兩者並不衝突，而是調和的。一個自我發展正常的人，也就是一個人格健康的人。

五種人格傾向

說到人格，溯及人格特質理論的起源大約於四〇年代的美國，發表的研究理論相當多，人格心理學家們幾乎都會提出一個人格結構模型。其中人格大五理論（The Big Five）是最爲廣泛使用的人格測定量表之一。

五組穩定的人格因素模型，個體皆有自己獨特性的高得分和低得分傾向，組成自己的獨特人格。這五個人格傾向的元素是：

1. 經驗開放性程度（openness to experience）：反映出想像、審美、情感豐富、求異、創造、智慧型等特質。
2. 盡責性程度（conscientiousness）：顯示了勝任、公正、條理、盡職、成就、自律、謹慎、克制等特質。
3. 外傾性程度（extraversion）：表現爲熱情、社交、果斷、活躍、冒險、樂觀等特質。
4. 宜人性程度（agreeableness）：反映出信任、直率、利他、依從、謙虛、移情等特質。
5. 情緒不穩定性程度（neuroticism）：包括焦慮、敵對、壓抑、自我意識、衝動、脆弱等。

我們的人格組成都具有非常多種不同的人格特質，或稱人格面貌。這些特質與面貌之間，需要依據環境、事件情境、需求及渴望，還有動機和欲達成的目標，而有所調配並加以彈性運用，促使我們和環境之間的互動，得到平衡和安穩的狀態。

倘若具有長期、僵化、失去彈性和統合性的思想及行爲，還有不穩定的情緒衝動，導致社會功能和社會適應障礙，則可能出現人格違常或人格障礙等問題。

有強烈孤寂感的人格特質

對強烈感受到孤寂的人來說，之所以形成這樣的人格特質，有很大一部分根源是遺傳（基因部分有其不可改變性），加上後天的不幸生活遭遇和負面經驗，在複雜且多重原因下形塑而成。孤寂感受強烈，且在人際關係互動上常出現負面情緒和反應，這可能來自在自我發展上，遇到許多的阻礙和困難，以致對於自我的存在感到疑惑和失去認同，同時對「人」產生大量的敵意和排斥感。

某個層面來說，孤寂感強烈的人格，有幾項特徵：

1. 同理心感受能力有限。這方面可能來自生命經驗的扁薄和封鎖，以致對於他人的經驗感受無感，也無從理解起。但另一方面，則可能來自「自我」的不成熟性，自我中心的幼兒自我仍然未轉化為成人自我，因此在和他人互動和相處時，仍然以自我中心的需求和情緒為主控，只關注自己，或只在乎自己的需求，難以去深入理解和感受別人的處境和角度。

2. 合作和同調性弱，也就是宜人性傾向低。孤寂感強烈的人，會在人際關係方面感受到和他人的疏離或不一致。他可能不明白別人強調的是什麼，也連結不到別人的感受，自然而然覺得要和別人之間形成連結，拉近彼此的心理距離，是一件很困難的事。這可能來自從小到大都處於孤立中，自己打發時間、自己找樂子、缺乏同儕關係學習互動和相處經驗。孤寂感強烈的人，都有缺乏合作的狀態。這方面容易發生在獨生子女身上，或是卽使有手足，手足關係也冷淡，互不搭理的狀態。

3. 封鎖及壓抑，開放經驗的傾向低。孤寂感強烈的人，常見不擅於表達，也不知道如何開放分享自己的經驗。可能因爲自尊低及自我價值感弱，他們會有一種直接反應，覺得別人對他的經驗沒有興趣，或是他們也抗拒表達；不然就出現一種懶得理會別人的反應，讓人也漸漸疏遠他們。久而久之下來，就更難以表達自己、展現自己，也難以向別人敞開心胸，自然輕鬆地將自己內在想法和感受說出來。

對個體發展而言，一個人無法經驗完整的自我，他就難以理解和接受他人所表現的自我。

越能通透和認識自己的各個面向和特質，並且保持彈性、接納及統整力，我們才能以自己的不同經驗點，和他人的經驗點進行連結和傳送。這也是我們之所以能跨越自我的界線，朝向他人的生命產生共感和情感交流的主要關鍵，同理心也由此過程而產生。

孤寂感的人，正是少了這些重要的彈性能力和連結力，因而常有雖身處在人群中，卻仍感到落寞孤寂。

我們可以這麼說，孤寂者的內在心理世界，是他內攝的外在世界，也就是他以帶著孤寂感的內心所感知到充滿敵意與排斥的外在世界；他的外在世界，正照映出他的內在世界。人若要眞正地認識世界，是不可能不深入自己的內在世界的。

第三章

走入孤寂者的內心世界

只有撇開對外物的追求，才能達到靈魂的所在。若他找不到靈魂，他將陷入空虛的恐懼，而這恐懼將揮舞長鞭，驅使他絕望盲目地追求空洞的世事。他將受無盡的渴求愚弄，在心靈之路上迷失自己，再也找不著靈魂。

——榮格

我們每個人的世界，都有兩個世界；一個是外在世界、一個是內在世界。我們的內在世界，有時候會反映在外在世界，你感受到外在世界冷漠無情，正因為你的內在世界是冷漠無情。

有時候，這兩個世界又相反地呈現；外在世界越是喧嘩吵鬧，你的內在世界越是寂靜無聲。無論外面再怎麼吵，你都可以感受到內在的沉默無語。

認識自己的內在世界，我們才算是真正地認識自己。聽懂、看得見自己的內在世界，我們才能真正和自己的內在世界和平共處。你的內在世界才是你靈魂的深處。若是你在找你的靈魂，那麼請跟我一起，往內在世界走吧！

13／害怕失落，無法面對分離

如果孤寂是一種來自情感上的斷裂及封鎖，那麼，孤寂的人感受到的孤單和寂寞，有非常大的可能是來自嬰孩時期的母嬰關係。

在英國精神學家約翰．鮑比的依戀理論，從母嬰關係中區分出三種不同的依戀型態，也就是：「安全依戀」、「焦慮抗拒型依戀」和「焦慮逃避型依戀」。由於這些嬰孩（一歲左右）受社會情境互動的影響尚有限，之所以有不同的依戀型態，主要受和主要照顧者（研究中是母親）這一年間關係狀態的影響，另一層面的影響就是屬於天生氣質，或是天性的差異。

關係是互動來的，顯然所有孩子的依戀型態，都取決於母嬰各自在這段關係中是否具有合作性，母親及嬰兒都會影響到對方投入這段關係的狀態和情感。

複雜的母嬰互動影響深遠

如果一個嬰孩令母親覺得挫折，母親可能會迴避接觸嬰兒，而嬰兒在遭受排拒或迴避之後，會更在關係裡出現不安和焦慮，最後造成母嬰在關係裡彼此覺得挫敗。

若是孩子是高敏感，或是有神經生理性損傷，那對於環境的噪音或是變化（常更換照顧場地和照顧者）會出現敏感的反應，除了影響睡眠品質之外，也影響精神狀態。

而有些嬰孩有明顯的冷淡反應，既不哭也不反應，如此會更讓照顧者減少趨近關懷。換言之，不太能雙向互動的嬰孩，會令主要照顧者退縮，或較不受照顧者注意。

有些焦慮抗拒依戀型的孩子，和母親之間有著非要不可的接觸，然而接觸母親又讓嬰孩感覺到不適和不安，因使呈現拉拉扯扯，難以安撫的激烈場面。

焦慮逃避依戀型態的嬰孩，雖然也會對母親感受到失落或是挫折，但他們的情緒通常會向其他方向發洩，或是採取和母親隔離，以退縮或轉換方向的方式不和母親接觸到。有這方面的現象，可以看見孩子不知道該怎麼處理和依戀對象之間的愛恨衝突。

有些研究發現，嬰兒出生後的頭三個月，母親回應嬰兒哭泣的方式和程度，和母親在生育前兩年表達出的觀念和情感相關；也就是母親對於自己要成為「照顧角色的接受程度」以及她對自己的預期（是愉悅或是挫敗）。評分較高的女性較能對嬰兒的哭泣做出回應，評分較低的就可能較難回應嬰兒的哭泣。

這或許也和母親身為母親之後的價值感和自尊有關。自我價值感低落及自尊感弱的女性，對於嬰孩的出現（降臨），可能出現無意識的退縮和排拒，也可能雖然接觸嬰孩，卻以大量的情緒焦慮和無助來面對孩子，如此在照顧上，亦呈現不穩定的情緒、能量和精神上混亂，以至於容易不耐煩。

雖然我們不能過度簡化為母親的親子角色概念和態度，影響了孩子的安全感和關係連結意願，但是母親和嬰孩皆在這一段關係裡，影響著對方的行爲和反應，是不爭的事實。

追逃型戀人組合的內心

那麼，讓我們說回來孤寂者的內心世界：孤寂的人之所以感受到孤單和寂寞，有非常大的可能來自於嬰孩時期的母嬰關係，並且可能是這樣的組合：「焦慮不安以及在照顧角色上退縮的母親」和「反應冷淡，互動性低的嬰兒」。在關係的依戀經驗上，母親關注在自己的情緒和角色調節障礙上，嬰孩迴避及封鎖對母親的接觸，積壓內心的不安和情感空虛。

這種組合，在成人後的「追逃型」戀人組合中常見：一個關注聚焦在自己的不安和不舒服情緒，另一個人則迴避，以封鎖的方式拒絕接觸。但其實關係中的兩人，對感情都感覺到失落和不安，前者很需要對方來安撫、協助和保證，後者則需要撤退和封閉，才能保持安全距離，好喘一口氣。

早年無法獲得安全依戀關係的孩子，壓根兒可能都不會相信這世界有人是可以讓他感受到安全及穩定的存在。如果在他最脆弱最需要照顧的嬰孩時期，身邊最重要的照顧者都做不到，他要如何再相信這世界毫無親緣關係的其他人，能接受他，並能和他保有合宜的關係距離，不會讓他受到太靠近的威脅，也不會讓他感受到疏離的不安呢？

約翰·鮑比在進行依戀關係型態的實驗研究時，特別注意到所謂的依戀型態的區別，最主要的就是看母親「離開」不在的時候。當母親在時，所有的孩子都一樣，會觀察環境，會想接觸外界。但是，當母親離開不在身邊時，有依戀焦慮的孩子就會呈現出對母親離去的不安和關注，無法再注意其他事物。

反觀有著安全依戀關係的孩子則對於母親的離去沒有顯露出不安和分心，仍然可以聚焦在本來的活動上。鮑比對於這個現象的解釋是，有安全依戀的孩子，母親是孩子的安全堡壘，即使母親離去，但透過孩子內攝的母親形象和情感，依然扶持及安頓著孩子的內在運作。

渴望深刻的情感，卻又害怕無力應付

這便是有安全堡壘和沒有安全堡壘的人的差別。在嬰孩時期，沒有內攝母親成爲自己內在的安全堡壘，我們的內心始終不安、孤寂，感受不到支持和連結，當然最缺乏的就是愛、信任和親密的體會。

那麼，即使我們成長過程會發展各種不同社會角色的人際關係，特別是青春期之後，會渴望發展親密關係，然而，我們對於安全的關係、親密的關係，及賦有信任的關係，經驗值卻貧乏，反而有許多落空、失望和空虛的感受，怎能不影響我們對人際關係，特別是親密關係的預期呢？

這是孤寂者內心最大的衝突和矛盾，渴望有深刻、親密的情感，卻又害怕關係一靠近之後無法應付和無力招架。

特別是，若一旦產生關係之後，伴隨著關係相處不易所引發的痛苦和失落，他們卻沒有過往的正向情感資源，來幫助自己承接及調節，只能任由痛苦的混亂情緒籠罩及覆蓋，這是他們萬萬不想要的情境。因此，他們對關係的建立，或是考慮是否進入新關係，總是不置可否，不然就裹足不前，深怕走錯一步路，自己就萬劫不復。

這種內心的恐慌是屬於神經症的，不是來自於事件的事實，然而對所有成人來說，最難的一份生命課題就是：「我們能分辨自己已經長大了，不須再以童年的遭遇和經驗，來左右和支配自己的情感思維和行動了。」

14／需要溫暖卻不敢承諾，矛盾的人際關係

我曾經陪伴過許多內心孤寂的人，探討他們的人際處境及在關係中進退維谷的衝突。怕自己拒絕了，關係就消失；但也害怕承諾了，關係就進入到脫離不了，又痛苦得要死的處境。

他們確實需要溫暖，但若是別人給的溫暖太熱情，他們反而會因此感到被灼傷，而驚嚇不已。但是別人冷淡，卻也是令他們害怕的，別人的疏離和漠視，會讓他們非常不安，害怕自己彷彿根本不存在。

他們希望有存在感，又不希望別人給他強烈的存在感（注目）。是的，正是這麼爲難，也那麼矛盾。

你可以說他們有意和別人保持距離，但他們又不是很接受自己被別人隔離。**孤寂的人心中一直有個心願或稱之為渴望，那就是有一個完美理想的陪伴者完全知道什麼時候該出現，什麼時候該消失。**這個完美理想的陪伴者，能帶給他所需要的情感支持和關愛，但不需要他相對付出什麼，或不需要他去承擔什麼。他可以感受甚至享受被陪伴和被支持的溫馨，但不需要因此被另一個人的情緒或需求壓迫。

請靠近我，但我不須付出

若是說孤寂者的內心缺乏什麼，那麼我會說，他們往往缺乏調節情緒的能力，也缺少和他人進行有意義互動的能力。

這可能來自孤寂者的童年，內心是閉鎖和退縮的，他們因此對世界沒有太多接觸，也無從了解。他們處在自己內心的角落，雖然也孤單寂寞，但他們想的是：「有誰可以進來靠近我、陪伴我」，而不是：「我要跨出去認識別人、認識世界」。

如果有人確實往他身旁靠近，更多一步地走向他，以積極且主動的方式接近他，那麼他會被這個人吸引，覺得自己被這個人看見了，這個人可能就是願意愛他的人。

一旦他們建立了關係，開始有了互動，那麼孤寂的人希望對方能順應自己的步調，照著自己的期待行事，不要有太多突兀的計畫和行爲，否則會讓他困擾，也會覺得心中的秩序被破壞了。

最主要是，孤寂的人無法處理人際關係中的「不相容」。

離棄關係才能維持我的存在感

我們最原始要處理不相容的問題，大約是在兩歲之後，這時漸漸有了自我意志，會開始知道自己想要什麼、要往哪裡去、想要玩什麼。在兩歲之前，我們大多還是在十分依賴的處境上，因此無意識地接受安排，被置放在哪裡就在哪裡，被餵了什麼就吃下什麼，雖然可能還是會有喜歡及不喜歡、接受及不接受，但相較於兩歲之後，前兩年時期還是被主要照顧者單方面安排及給予的狀態較多。

兩歲之後，我們會有自己的主張，自己的想要和不想要，特別是三歲的「自我」第一次小革命，這時候最會反應的語句就是「不要」。我們以「不要」在向主要照顧者宣告「我」的存在，我有想法、意見、感受和意願。

也因著如此發展，我們開始和主要照顧者（最主要的還是母親）形成了「不相容」，像是意見相左、行動不一、需求不同。這對任何孩子來說，都是一種打擊和挫折，這表示我可能無法影響母親，而我若要持續和母親相容，不要感受到差異而覺得關係斷裂了，還是能和母親緊密相連，那麼最好的方式，就是聽話、乖巧和順應。

但有些孩子權力慾是強烈旺盛的，他不服輸、不示弱，當他感受到和主要照顧者的不相容時，他尖叫、耍賴、翻滾，讓主要照顧者無法招架，以此來取得勝利及贏得掌控的局面。

乖巧聽話的順應型孩子，會在成長過程的人際關係中，發展成配合、跟從和討好，以利在關係中不會被離棄。

若是運用能量氣勢取得關係掌控的孩子，則可能成爲霸權者或是支配及控制者，無論是示弱或是要強的孩子，都可以獲得支配權力。

但還有另一種孩子，他們發現和主要照顧者不相容之後，就開始躲、迴避、隱藏自己。既不更清楚地展現自己，也不在關係中消融自己。他們要維持「我」的存在感，但選擇的方式是離棄關係、遠離關係，因而造成孤寂的狀態。

害怕衝突因而選擇退縮

我們可以這麼說，孤寂的人他們害怕衝突，因爲衝突很麻煩，也很費力。和另一個人不相容已經讓他們挫折和失望了，若還要進行來來回回的衝擊和拉扯，他們一想到就退縮了，好像能量瞬間消失一樣。

當關係不相容時，他們寧可固執地選擇自我，也不想去妥協、配合和順應。若你說他們選擇自我了，應該就不會難過和傷心了吧？喔，不是的，他們會難過和傷心，但更多的是落寞和無奈，覺得根本無力抗拒這種沮喪的結果。

畢竟，對他們來說，與其被控制而失去自我，那就寧可不要有關係吧！當然這也顯示他們的自我何其弱小，他們太害怕被吞噬或被控制，與其給對方傷害自己的機會，寧可不要出現任何可能會發生不幸的機會。

15

有一種自我保護色叫疏離

孤寂的人，會讓人感覺到一種無法跨越的距離感。他們不太有臉部表情，總是以一張無感的面容面對外界。

我們要和人熱絡地互動，重點就在表情。與人互動時的表情代表著情緒，藉著面容的變化，就能把許多內在的情緒感受傳遞、反映給外界。就像一齣舞台劇，演員正是用表情、聲音語調和姿勢動作，把角色所具有的情感和內在經驗傳遞給觀眾。

孤寂的人，通常害怕被注目，因此處在人群當中時，他們會更壓縮自己、低調，不然就離人群遠遠的。他們擔心一旦被人注意到，接下來就會出現許多針對他的言詞或是評論，讓他困窘或是覺得不知道怎麼應付。

長時間孤寂的人，都不是擅於社交的人。他們對於社交的概念或是評價多屬於無聊、無意義、沒話說。當他們處在一個無法離開的社交情境時，他們就沉默、放空，或是自顧自地看書、聽音樂、滑手機，以避免和人四目交會，出現尷尬的時刻。

當然，若是可以，他們會盡量避免出席這樣的場合。

我們需要了解在孤寂者內心深處有個很難化解開來的信念，那就是他們對「**人是可怕的且失控的**」信念，深信不疑。特別是他們感受到別人以強大的壓力，打算控制他們的想法和行爲時，就是他們覺得最失控的時候。他們無法控制別人不要這麼做，也無法控制別人不要傷害他們。在過往的經驗中（特別是嬰孩時期），那些讓他驚嚇害怕，讓他覺得無助挫折的被照顧經驗，就像是無法卸下的金箍咒，總是讓他很快地陷入在恐懼及無力的情緒中，身心出現激烈痛苦的反應。

由於身心症狀出現得猛烈，因此即使後來的人際情境已經不同了，可能在職場，或在伴侶關係中，又或是在社群網絡中，只要他們覺得對方氣勢凌人、得理不饒人，或是會自以爲是地評論，若再加上對方帶有一些權威角色或地位，孤寂者就會很快速地失去內在安穩感，感到無法克制的焦慮，而想立刻截斷關係，盡速逃跑或隱藏自己。

爲了不要常常面對這種處境，孤寂者便以疏離和冷淡，來做爲與人保持距離的方式。

缺乏調節內在狀態的能力

二〇一五年瑞典有一部電影《一個叫歐維的男人決定去死》（台灣譯做：明天別再來敲門），由同名暢銷書所改編。它的劇情描寫一位五十九歲的男人不僅喪妻又遭遇被解僱。雙重失落，加上個性看起來冷漠、固執，活在自己的世界裡，導致人際關係疏離，在這情況下，他想要自殺離開這個世界。

這個叫歐維的男人想隨妻子離世，因爲妻子是他感受到的冷漠世界裡，唯一帶給他溫暖的人。沒了妻子，他覺得沒有活的意義了。爲什麼歐維這麼依戀妻子呢？因爲歐維幼年喪母，父親後來又遭遇意外，被火車碾斃，因此歐維的成長過程極其孤單也相當辛苦。而他的家又因爲被地產商看中，房子被蓄意縱火燒毀。歐維幾乎被生活折磨到不成人形。一無所有的他只能睡在平時打掃的火車車廂中，卻因此意外地遇到了他的妻子，結髮成爲夫妻。

從這故事情節中，我們可以看見歐維的童年陰影和成長的打擊，讓他逃避現實的生活。過去妻子還在時，那一份愛及溫柔尚給了他一份依賴和安慰，但失去妻子後，他要如何面對原本的自己——彷彿又回到那一個一無所有的自己？

這個外在殘酷和冷漠的世界，被歐維內攝爲他內在的世界，因此他無法自產出溫暖，也無法給予自己一份支持和關愛。

這是許多孤寂者的處境。他們無法產出適合自己內在狀態的調節力，無法確保自己內在保持在恆溫的溫煦中，除非透過外在的另一個人給予那份愛與關懷，否則自己的生命就猶如沙漠，或是乾涸的河床。然而，人生有幸，有一位富有愛、欣賞及溫暖的愛人在身旁；可一旦愛人離去或消逝了，孤寂者也難以複製愛人曾經給予的愛和關懷，繼續溫暖自己。

除非他打開心房，重新選擇擁抱這個雖然殘酷，卻也同時具有溫暖的世界。小說和影片的最後，歐維因為鄰居和社區的人來來回回的打擾，以及各種需要他協助的場面，而跟人群有所互動。他雖然正在籌備自殺，對這些互動十分不耐煩，但隨著一次又一次伸出援手、一次又一次接受他人的感謝和溫情，歐維的心也慢慢地軟化，重新回頭看自己的一生，也重新選擇要如何面對自己的餘生。

退縮與封閉築起與人隔絕的銅牆鐵壁

當人一直深受打擊，或是在成長過程，遭遇許多他人很難理解的際遇時，那種很難向他人說明，也認為別人很難理解自己的念頭，又將我們一次又一次地推往封閉的角落。

孤寂的人，都有一種錯覺，覺得自己根本不應該活在世上，或是覺得自己在這世上是多餘的。即使那麼內在傷痕累累，但他們不再寄望可以獲得療癒或是救贖，只冀求不要再有更多的打擊和患難就好了。

於是，孤寂的人，以疏離來保持和世界的距離，這也是他們以爲不會再輕易受到傷害的方式。

退縮或是封閉，都是我們受傷後自然而然的反應。就像是受傷的小狗小貓，一定要迅速逃到一處可以安全躲藏自己的地方，既休息也療傷。當牠們不舒服時，就會躲藏起來，好讓自己安全地度過這段不舒服的時間，不會被攻擊也不會受打擾。

所以退縮與躲藏，是生命自保的方法，藉此防衛好自己，因爲這是我們極爲脆弱的時刻。

但孤寂的人，卻有可能在受傷後，把自己隱藏及保護起來，但不是進行療傷與修復，而是一直處在害怕的警戒中，持續地、無法鬆懈地，以疏離或隔離自己來做爲自我防衛的方法。長時間下來，那不斷增厚的隔離牆變成銅牆鐵壁，別人再也看不見他，他也再也走不出自己的黑暗房間。

這種怎麼樣都害怕走到人群中、走到陽光下，許多層面是和內在的自卑感有關，我們下一篇繼續探討的就是自卑心理的作用力，如何讓孤寂者持續地滯留在內心黑暗的角落中，無法擁抱陽光和愛。

16

「做什麼都不如人」的自卑心理

毋庸置疑，孤寂會影響人對自我的肯定感。或者說，自我肯定感低落的人，會特別感到孤寂感，孤立於人群之外。

自我肯定感低落的複雜情緒，讓人消極，對許多事情的發生，感覺力不從心，也常覺得「我注定要孤單地過下去」、「沒有人會在乎我過得如何」、「我做什麼都無法改變情況」。

童年缺失有人陪伴與關愛，沒有感受過被重視及被看見的經驗，尤其會影響對自己有不好的觀感，總覺得自己沒有資格得到關愛，或是覺得別人都比自己優秀，比自己容易得到矚目。甚至覺得自己只是陪襯品，存在都是為了凸顯其他人的閃耀。

孤寂者看出去的世界，別人都是閃亮亮的、光彩奪目，自己卻是黯淡無光，也無趣。

也許他們能意識到，或者也許他們並未意識到自己的自卑情結，如何影響著他們的生命信念及看待自己的角度。

以個體心理學派創始人阿德勒的論點來說，每個人都會有自卑感，因為沒有人是完美的。我們會有弱勢的部分，也就是弱點，而成長過程的歷練，某方面就是克服及提升這些弱點。

當自卑感無法轉化成提升自我功能的動力，反而變成了一種自我說服、自我應驗時，通常人們會說：「我就是天生不如人」、「我就是做什麼都不行」、「我就是弱小，樣樣都輸人」，以這些框架及錯誤意義來限定自己，並將自己的生命視為一無是處，覺得自己什麼都不能學習及突破時，那就會凝結成自卑情結，以無意義、無益處的方式，消耗著生命。

糾結在貶抑自己或膨脹自己的情結中

孤寂者，不一定都是自卑情結，某些人是，但某些人或許還處於自卑感的狀態，很想突破自己或是克服自己的人生困難，但不得其解，因此還在與自己的自卑感搏鬥，不願意受自卑感所俘虜和支配。

對於已凝結自卑情結的孤寂者來說，他需要意識到自己慣用的思考方式，是以不理性、不合邏輯、缺乏客觀理智思考的方式，不斷加深對自己的負面化設定。並且，願意試著停止那種無意識的自動化思考，慢慢鬆動這些固執膠著的信念，以容許的方式，重新體驗及認識自己，而不是先把自己打負分了，再說自己就是爛，然後根本不願意費力去學習及接受新的觀點，也不願意爲自己訓練新的方法。

當然，阿德勒也強調要「課題分離」。他說若一個人的狀態，是那種你把方法和知識都提供給他了，他卻還是不願意主動學習，也不願意正視自己的課題（生命習作），那麼你需要把持好彼此人我關係的界限，不需去強迫或替代他去做。就像是若有一匹馬，你覺得牠渴了，你把牠牽到河邊有水源處，牠也需要主動張開嘴去喝水。若牠不喝，可能是時候未到，也可能牠還有其他的需求。無論如何你不能代替牠喝，或強迫牠喝。這就是「課題分離」的概念，把各自的功課還給當事人，你也需要做好自己的生命課題。

對於自動化、無意識地活在孤寂感的人來說，否定自己，認定自己沒有價值也沒有任何吸引人注目之處，是非常慣性的反應。某一方面來說，一再打壓自己、一再看低看扁自己，是一種嘗試自我安慰的方法，說服自己是不屬於人群的，若進入人群也只是被排斥、被忽視。用這種不斷阻止自己去和人群接觸的方式，保持和群體的疏離，就能避免再受到打擊。畢竟，自己已成天打擊自己了，再多受一點打擊，都可能會崩潰。

另一種自卑心理的影響是，有些自卑感深重的人，為了掩飾自卑，以孤傲的姿態示人，用一種處於萬人之上，不屑與人為伍的態度，來合理化自己和俗人不同，所懂的事情，比其他人都要見地卓越。

這種因為自卑情結，而反彈為自我優越情結，是一種沒有實質益處的心理補償作用。爲了讓內心好過點，企圖說服自己是因爲自己太優秀，才不容於群體，才會被他人排斥和拒絕。

不論是何種姿態和心理地位，孤寂者和別人的關係間，都無法是平等而相互尊重的，不是貶抑自己，就是抬高和膨脹自己。這樣一來，如何能和群體相處呢？於是，不是躲藏自己，就是與人群隔離。

難以自重的心理障礙

這是大部分的孤寂者要面對的議題，由於太缺乏穩定的自我價值感，孤寂者會因爲環境的訊息，而解讀成自己的價值狀態：如處在友善的環境或是比較多鼓勵的環境，孤寂者會感覺到自己的價值有被肯定（雖然他們還是懷疑）；若是環境訊息冷淡或是忽視，孤寂者就會強烈地懷疑自我價值，覺得自己被否定，因而氣憤或沮喪。

孤寂者最大的心理障礙在於難以自重。所謂的自重，是知道自己的價值，懂得尊重自己，能在人我關係裡，安然自處。**他們常把自己想得卑微而弱小，若是處在人群裡，不是落得被欺負和被排擠的下場，就是被忽視及輕視。**

這些心理的投射反映，多來自於他們怎麼看待自己、評價自己，然後認定他人怎麼看待他、評價他。

因此我們可以這麼說，孤寂者若不與自己和解，不和自己修復關係，他必然會把與自己的破碎關係、負面關係，移置到與外界的關係上，特別是認定別人都是敵視他、拒絕他的。

孤寂者的自卑感還會出現一個心理反應，認定自己無法處理人際關係的問題，他們不知道怎麼回應別人。當別人說了某些話時，他們要如何回應才好？當別人做了某些事時，他該如何看待別人所做的那些事？因爲覺得困窘和尷尬，他們寧可什麼都不說，也盡量和周圍發生的事物保持遠距離，以免誤觸禁區，炸到自己。

這種害怕面對人際關係的反應，有些是來自童年和原生家庭的關係所形塑出的觀感，不知道如何和至親互動，在和至親的關係中感受不到被重視和被尊重。

若是至親屬於情緒不穩定，並且時常失控的人，那麼個體就常處於被驚嚇的狀態，不知不覺中加深了「我在人際關係中是無能為力的，除了隱身和沉默，我沒有方法應付及應對」的信念。

這也是一種自卑的累積，有此種遭遇的個體不會相信他能應付人際關係的狀況，相反的，還會有很多莫名覺得人際關係讓他很焦慮和不安的反應。

與消極、無力感爲伍的人生

自卑感主要的功能，是提醒我們哪方面讓我們覺得弱勢和不足了，因此積極的人，會在覺察自卑感之後，告訴自己要在哪方面加強及多加學習、練習，勇於去面對和克服。但耽溺在自卑感，深覺被自卑感籠罩而無能爲力，並認同了自己只能處於自卑中的人，通常會呈現出消極、自怨自憐、退縮、無力感，以一種做什麼都沒有用的姿態，放棄「必須透過自己改變及調整什麼，才能改善處境」的想法；甚至產生一種「爲什麼只有我那麼累、那麼辛苦」的受害感及孤單感，籠罩著心靈。

長期處於孤寂感的人，正和這種消極、退縮及無力感息息相關。他們認定了無論他們怎麼學習或練習，人際關係的經驗和感受只會一樣糟糕、一樣讓他失望和挫折，多做只是多挫折，倒不如什麼都不要做、不要嘗試，才是最能減少波折和內心波動的方法。

但是，如果我們無法轉換觀點，或無法以不同的角度來理解和認識這個眞實的世界，只想以自我中心的封閉角度來認定自己的看法和觀點，並放棄探索一些自己不會及不懂的部分，那麼，緊緊擁抱住自卑感和無力感，說服自己這世界很糟很爛（或責怪自己很糟很爛），只想保持隔離以保護自己，那麼或許一種假性安全感會讓你鬆一口氣，但內心同時也會悄悄升起鬱悶和壓抑，以及持續和世界脫軌的孤立感，而讓你越來越感覺不到自己，也不知道自己存在的意義。

17／

對人對己都失去信任感

長久孤寂的人，都有著某些「存在議題」的糾結，覺得自己的存在沒意義，或是對自己的存在有著強烈的排斥感，甚至覺得自己根本不該存在。

因爲無法無條件地接納自己的存在感，因此會投射到關係裡，覺得必須要滿足別人或討好別人，才能在關係裡感到安心，不會因爲沒有價値而受到驅離和被排擠。

但究其根本，還是要追溯到孤寂者和原生家庭父母親的關係，沒有實質上的連結，也沒有經驗被原原本本地愛、關懷和接納。

早年和原生家庭的關係，是我們後來在成長過程中發展人際關係的雛形，也是模版。當我們在童年時無法在重要的至親身邊，感受到一種心滿意足的連結時，我們的情感會落空、斷裂，以及處於一種空洞的狀態。

對孩子而言，他是以情感在生活的，每一天他都在感受、在觀察和發現這個世界，包括去觀察及體會他的親人和他之間的關係。無形中，孩子透過經驗去意識他究竟是安全的、被保護的和受疼愛的？還是他是被漠視的和任意被對待的？

若是一個人在心中深藏許多負面情緒，也就是忍耐及壓抑許多從小到大所承受過的情緒感受，那有很大的層面，他並不信任他的至親，或是不認爲他的至親是可以傾聽和了解他的。漸漸地，他封鎖心門，把自己置留在內心的孤島上，斷絕一切來往橋梁。這樣的封鎖和隔離，可見孤寂者內心有多強烈不能信任別人的傾向，因爲別人對他來說，都是具有不可控制的、有危險和多變的特徵。

無法以眞實的自己示人

對某些內心感到強烈孤寂的人來說，他們最大的關係障礙，來自他們無法以眞實的自我面對別人。他們無法讓任何人進入他的私密領域，認爲只要有人認識了眞實的他，就會厭惡、輕視或排斥他。

這也是一種內在的自我投射，因爲瞧不起自己、厭惡自己和覺得自己是羞恥的，因此非常害怕有人發現後，會不留情面地大加批評和指責。

平常的他，會隱藏自己的這些部分，然後把覺得別人比較能接受或認可的部分表現出來，因此自己漸漸地一分爲二：在人前一個樣子，在人後又是另一個樣子。越是被他人肯定的部分，他就越極致表現，近乎完美；越是曾經被人批評或排斥的部分，越是要藏好，好像自己一點兒都沒有那些瑕疵或汙點。

於是，不斷地要自己絕對要嚴守、關好那些很糟糕、很醜陋的部分，不要被人發現、被人挑剔。也深信不疑，如果被人發現，自己就會被唾棄和被排斥。

這種從自己所引發的無法接納自己的焦慮，會全面擴展到人際關係，要自己對所有人保持一個遠距離，只讓他們看見一個OK的我、沒有問題的我，而內心最痛苦及最脆弱和最不OK的我，要嚴防被任何人看到。他害怕被人看到後只會讓那些人失望，然後就得承受不被他人接受的情緒和焦慮，根本不可能得到他人的寬容和理解，單單這麼想就覺得實在太可怕了，根本難以去坦誠地表達自己和揭露自己。

不敢展現脆弱與情緒

長期孤寂的人，並不信任關係（真誠安全地開放自己），在任何的關係裡，他們都在扮演形象和角色，而不是一個完整的自己。越是他們情感脆弱的地方，他們把別人隔離得越遠，也越不展現出任何脆弱的面貌。他們以一種堅強或無所謂示人，也認定別人只想看見他們這樣的面貌，其他面貌別人都不想看見。

或是小時候，他已經不知道在多少次的經驗中，得到一個驗證：「即使展現出脆弱，別人也是置之不理，只是更丟臉，更讓別人恥笑而已，還不是要自己去解決和處理。表現出自己的情緒又能怎麼樣？又沒有人關心或能幫上忙。」

對情緒抱持負面觀點及態度的人，大致上都有這樣的反應。覺得情緒無用，或是覺得情緒只是個麻煩的東西，他一定不要像誰（某個重要的至親）一樣歇斯底里，也不想表現出情緒以免影響別人，造成別人的困擾或抱怨。

對有這樣思維的人來說，這種排斥和壓抑情緒的態度，正說明他們沒有足夠好的情感經驗，也說明他們可能從很小開始，就受至親的情緒打擊或是傷害，反而沒有受到至親的情感滋養和關照。因此，情感對他們的生命經驗來說，完全是偏頗的負面：「糟糕」、「麻煩」、「沒有用」和「多餘」。

孤寂的人都有這樣的傾向，他們切割情感（即使他們仍渴望愛），也拒絕經驗自己的情緒歷程，對自己的情感表達總是非常疏離而不熟練，慢慢地造成了情感表述的困難。也就等於無法讓別人參與他的內在世界，也無法和別人連結一段眞摯和深層的情感關係。

沒有完整的自我，就沒有完整的關係

當一個個體不能信任自己身上所具有的特質和能力，特別是無法信任自己的情感能力時，無疑阻礙了以完整的自己去和外界接觸和互動的機會。想一想，如果一個人不是完整的，只是慣用某個部分的功能或能力，甚至只是為了維持某種形象和人互動，那麼這世界上會有人眞實完整地認識他嗎？在這世界，他可以在誰的面前經驗到完整的自己？

碎裂的自我、切割的自我，必然也會讓我們的關係碎裂、不完整，同時失去平衡。

所以孤寂的人，請先找尋完整的自己。你若活得分裂而偏頗，那你的心靈和精神也必然零散而難以統整，那就難以去建立和經驗具有活力和情感豐沛的關係。卽使你勉強進入關係，彼此之間的互動也是沉默、乾涸和單調。

沒有情感滋養和相互交流的關係，必然會走到山窮水盡。

因爲，感情，卽是情感的累積和感受；沒有情感的交流，何來感情？

18

憂鬱、焦慮及壓抑的人生

孤寂的人多少都有人際疏離和退縮的問題，缺乏能實質交流情感的人際關係。他們的情感層面是空洞的，長期缺乏受關注和滋潤，也就缺乏有意義的人際互動關係。

人要能建造安穩自己的力量，除了內在要能建立安全堡壘（維護內在安穩的核心），同時要能感受及接收來自親密他人的情感撫慰及支持，這是人的需求之一：親密和愛。唯有能經驗到親密與愛，人的內在才能保有溫暖及感動，即使有壞感覺或不如意，我們也能在穩定的親密關係中，得到具有幫助的調節過程，而能以最短的時間回穩。

難過時，可以得到安慰；悲傷時，可以得到陪伴；氣憤時，可以得到支持；挫折時，可以得到鼓勵；傷心時，可以得到擁抱；脆弱無助時，可以得到理解和接納。

雖說成長爲人的過程，我們都需歷練支持自己和承接自己的力量，也需要明白愛自己，需要從內在培養，而不總是依賴他人給予保證和提供滿足。但是，這不意謂著在人生裡，我們不需要擁有有意義的關係。自我完整獨立和擁有健康合宜的關係，在我們的人生是同樣重要的。

人生需要完整獨立的自我與有意義的關係

如果，偏頗只重視一邊，那麼我們會失衡，就像是內在的秤子傾斜一邊，必然帶給我們某些體驗的空缺和遺憾。人生當然會有遺憾，有遺憾的人生也是這個不完美人生的呈現之一，但偏頗而失衡的遺憾，恐怕是一種全無經驗值的缺失，甚至造成生命發展的損失，那就不只是錯過什麼或懊悔什麼的遺憾可以形容的。

例如，完全只重視關係的人，依附在關係中的他人身上，當沒有完整獨立的自我在做界限的維護時，關係中的兩人或是多人，可能是相互吞噬和支配的關係，而不是建立在一種相互尊重彼此個體存在的品質上，以至於無法適時適當地關切每個人的需求和狀態，再進行相互調節和合作。

若是只重視自我的個體性，強調自我的強大，必須要完全的獨立及不依賴他人，也沒有任何個體需求需要透過關係得到回應，那麼這個人會活得像個絕緣體，與人互動上不帶任何情誼或是心思，一切獨來獨往，也不關注和在乎他人的狀態和感受，那麼這社會人與人之間必定情感冷漠，也常會表現出對公共事務事不關己的態度。當然對群體社會的健康和發展來說，是有損害的。

當我們這兩邊（自我和關係）缺少其一的體驗和建立，我們會失衡，然後付出一連串的代價。這些代價是身心健康上的，也會是社會關係上的。我們甚至很難預料，在哪一個時刻，可能是整體社會得要承擔這樣的代價。

雖然現在有許多書籍或是資訊告訴我們人可以選擇做自己就好，不要需求及依賴外界，並且能夠安於孤獨，但基本上，我認為這是屬於高標的階段，是有一定社會歷練和成熟人格的人，才能趨近的境界。若是缺少了社會歷練，也少了鍛鍊自我人格的成熟，那麼所謂的做自己和不依賴外界，可能會偏向隔離社會、膨脹不成熟自我、一意孤行，和不理會社會是一個整體，忽略其實沒有人可以完全迴避社會的這一個事實。

因此，過早與社群隔離，以「我要做自己」的名義徹底切斷需要學習和人溝通、合作，也放棄學習建立合宜界限的人際互動，可能更像是把自己隱藏起來，藉著看起來很強大的「做自己」盔甲，來保護脆弱的自我。

缺乏微調人際關係的彈性

許多孤寂者正是如此，他們覺得人際關係太難、太複雜，也時常不理解他人的表達中到底眞正的意涵是什麼，因此在回應或反應上，受到許多他人的埋怨和攻擊，就更加深內在的受傷和挫折。有時候，因爲沒有爲自己抉擇出所要互動和接觸的群體，欠缺做好妥善管理界限的措施，因此孤寂者會困在人際亂流中，不知道怎麼解套，所以就乾脆隔離和隱藏。

對大多數的人來說，所謂的人生問題，就像是個體心理學創始者阿德勒所說，就是人際關係的問題。對孤寂者來說，大部分的困境正在此，**缺少彈性改變距離的能力（無法微調），孤寂者面對人際關係，可能採取兼具全放和全收的傾向，或是全收（不開放）的做法**。

在這種失去彈性，也缺乏微調能力的情況下，孤寂者很怕自己搞砸了氣氛或是破壞了關係，通常就會採取什麼都不說不談、不表態。藉此讓他人無從了解他內心的想法或感受，也就不能再繼續攻擊或是指責他。

孤寂者因為無法調節自己內心所受到的衝擊，當遇到一些可能在他聽起來不友善及武斷的評論出現時，他就迅速地緊閉心門、心窗，拒絕任何的交集和來往，當然對方也成了拒絕往來戶。

孤寂者壓抑及隱藏自我的傾向，壓縮自己的存在空間，無非是希望能有安全保護自己的地方。如果環境無法擁有這樣的安全空間，孤寂者就會在內心為自己強力地保有這一處安全空間。但這樣的安全空間是閉鎖的，就像隔離島一樣，拒絕任何人的出現。

對他們來說，自我其實是十分脆弱，他們也感覺自己的弱小，難有保護自己的能力。沉默和順從，雖然讓他們可以維持關係一陣子，但長期的沉默和配合，必然會慢慢在人際關係動力中，遭遇他人的質疑或是漠視，而漸漸開始呈現被他人逼迫表態，或是他人爲了了解孤寂者的想法或狀態，而盛氣凌人地對待他們的情形。

這種負面的人際關係經驗，往往讓孤寂者更害怕關係，也更和外界疏離，如此也讓身心處於一種緊繃的壓力狀態下，甚至不斷累積「社交疼痛感」，讓自己不間斷地感受到痛苦。

負面的自我安撫，無法平衡挫折與失落

對孤寂者來說，這種情況造成的負向影響，就是他們缺乏來自他人有溫度、溫暖的陪伴，無法從同類的關係中，感受群體相互依靠的連結和安穩。

事實上，我們都有從關係中獲得情感的連結與安撫的需求，以調節內心所感受到的衝擊及失落。若是失去關係中的這種品質，人就只好反覆借重物質和飲食依賴，或是用最快麻痺或是最迅速得到刺激快感的方式，轉移自己對內心感受的關注。

所以，當孤寂者不能意識到他們無法眞的靠自己面對痛苦情緒，認爲只能靠自己，但又沒有正向情感做爲承接自己的根基，且又無法經由向人表達，感受到關係的關注及安慰的情況下，很容易就走向負面自我安撫的補償作用：依賴酒精飲料、不離手的菸癮、止痛藥物依賴，或是不間斷的飲食（不停地喝和吃）。這些雖是一種立即性的自我安撫，但卻是缺乏情感安撫和調節的一種替代性補償。孤寂者只能使用轉移的方法，阻抗和防衛，以避免接觸到自己的情緒。

雖然人生難免有憂鬱和焦慮的時刻，但身爲一個成人，也在試著克服被憂鬱和焦慮情緒籠罩和支配，以避免失去創造有意義人生的機會。無論是憂鬱或是焦慮，某一方面，都是我們迴避自己眞實核心情緒和感受的代價，因爲不願意感受自己，長期缺乏支持及安撫自己，甚至迴避眞實自我，都會讓我們以一種無以名狀的憂鬱狀態和莫名的焦慮反應來因應我們的生存，因此產生慢性的身心疾病。

只有往內承接住自己，並且能引進好的滋養力的人，才能在正向情感的安慰和滋潤中，平衡那些日常生活中所遇到的挫折和失落，並且不失去保有一個完整的自體感，以統整自己生命的所有體驗。如此，我們才可能讓人格健康而成熟。

若是不願意承認自己的不足和缺失，並且抗拒去滋長、發展成熟自我的人，一味只是倚靠著自己過往的封閉和壓抑經驗，就認爲是度過人生的好方法，那麼，憂鬱和焦慮的人生，必然會如影隨形地跟著，這是我們執拗和倔強的一種代價啊！

第四章

勇於健康孤獨，擁抱不完美的世界

一個人畢其一生的努力就是在整合他自童年時代起就已形成的性格。

——榮格

沒有人可以逃避自身的孤獨，孤獨是我們存在的證明。我孤獨，所以我存在。

但是當我們還未能好好地學會與自己親密相處時，我們可能無法和自己同在，連一秒都覺得難，只想逃避自己，不想看見自己。

我們從出生直到完成一生，都在學習成為有力量的自己。而有力量的自己，意思是能和自己統合，十足地感受到成為真實的自己，是種肯定、是份自信。我們不需要完美，如同這世界也不需要完美，因為不完美，我們才需要依靠彼此、連結彼此。

你若是一座孤島，你會發現他人也是。但不同的是，即使我們是一座座的孤島，我們已經有連結彼此的橋梁，來往和諧、交流真誠。你是你，我是我，但我們因為連結和交流，而成了有意義的我們。

19

能與自己建立深層關係，才能與別人建立深層關係

一個人一味遵循意識的習性及規則，忽略情感和心靈層面，那他可能會有「空虛」的感覺，因爲他並非「完整」的人，他的生命是殘缺沒有整合的。一個排斥自己暗影的人不可能完全誠實，也不可能有眞正圓滿的完整人格。一個人若對關係的不安和焦慮是全面性的，那麼，從個人的關係到社會性的關係（包括職場），都會讓這個人處在進退維谷、左右兩難、惶惶不安的矛盾心情中。

特別是如果童年生長環境缺乏與主要照顧者之間的情感連結與回應，感受不到愛的存在，缺乏體會自己的生命是被尊重和在乎的，是被放在心上，是被專注

地互動與交流的，那麼，他／她的心靈世界就難以經驗到被好好愛著。同時因爲童年時期情感沒有得到同調的回應，而感受不到一種同在及正向的情感經驗。缺少情感交流的連結和滋養，長期下來，一個人的內心會經驗許多「不被重視」、「缺乏回應」、「互動挫折」的沮喪及失落感，幾乎沒有感受到從關係來的情感親密和愉悅滿足的經驗值，以至於會漸漸地對外界和他人的互動，感到焦慮或恐懼。焦慮讓人產生渴求卻害怕失望的內在衝突，恐懼則讓人產生逃避情感或失去興趣的反應。

童年關係的情感缺失及受創，沒有穩定及安全、信任的依戀情感，在在會讓人在人際關係的建立及穩定維持，產生困難及不安，以致幾乎沒有什麼穩定及長久的關係，不是若即若離，不然就是極端地過於親密，或是過於疏離，甚至斷然切割。

引領自己感受愛的流動與滋潤

然而，人要有穩定、安全的關係，才有可能重新經驗關係中的信任感。若能經驗到關係中的信任感，相信在這一段關係中，自己是被接納及被理解，被視爲是一個值得尊重的人而得到善待，那麼這具有修復性的關係經驗，能讓一個人修復自尊、安全感及自我肯定，也能得到正向發展自我的契機。

如果你眞的想知道，如何讓自己在猶如機械般的生活中，在不停地拋出自己能量的過程，還能找回感動自己的能力，還能以自己的情感連結他人生命的情感，那麼，你要做的，就是**和自己在一起時，能感受到愛的流動與滋潤**。

如果愛對你而言很模糊，那麼就以關懷及溫暖的涵義來取代，關懷自己一天過得如何？關懷自己是否有些被壓抑的情緒，需要自己的承認及安撫？關懷自己一天是否有值得自己開心及喝采的時刻？

而溫暖呢？不論你是對自己說聲：謝謝有你；或是對自己說聲：我知道你很勇敢很不容易；又或對自己說：我眞以你爲榮，都是一種對自己的支持和正向肯定。那會使我們的內心柔軟，也使我們心中因為有了溫暖的溫度，而真實地放鬆及平靜，這才能真的使我們情感恢復，讓我們成為一個有情、有愛的能力的人。

當你心中富足了，感受到自己是心靈能量的富翁，又怎麼會再心理飢餓呢？你不需要再當乞討愛的乞丐，或是在一些雜七雜八的東西中，找尋可以勉強賴活的愛的補給品。

做自己情感的好管家，你的情感需要什麼照顧及滋潤，只要你好好聆聽，這個忠實的好管家肯定會願意告訴你。

但前提是你和這個內在管家（內在照顧者）有好的合作關係。如果這個內在照顧者是失功能的，或是你的內在小孩和內在照顧者之間是衝突和對立的，都會讓你的內在自我發生當機，處於失功能狀態。

時時保持與自己的連結

我們的內在有許多不同的面向和功能，也可說是不同的能量和狀態，這些不同而多元的面向，整合成一個完整的自體（Self），也就是一個整體。然而，當沒有一個健康和成熟的內在自我，那麼這些不同的能量和狀態，通常處於渙散、分裂或是混亂，讓自我也欲振乏力，因為早被自己內在的戰爭耗損了。這種內耗，往往是人無法有能量發展自體的關鍵，學習力和應變能力都會下降，也無法發展客觀及具有現實感的處事待人態度，甚至包括對待自己，也很難發展真正關懷和照顧自己的能力。

榮格曾經說，往外張望的人在做夢，向內審查的人才是清醒的。向內整合及疏通我們各個矛盾及衝突，甚至陰影之處，我們才有機會活得清醒，真實地了解自己、辨識出自己，也完整自己。若是因為外在的變化或一個訊息就慌張錯亂，就無意識地直接反應，那麼與他人之間無論是討好或躲藏，終究是沒有自我的意識，也不是依從及尊重自己的抉擇，那樣就難免有許多懊悔和憾事發生。

人若想要安穩地不懼在人前展現自我，又不憂於在人散後失去關係，也就是無論在什麼情境中，都能與自己有一安穩且具有信任的關係，那就需要時時保持與自己的連結（統整），不將自己拋於無意識之中，才不會陷入對自己的言行舉止莫名其妙、不明白自己的起心動念的處境裡。

人願意自我負責也願意面對自己做選擇的後果，才能行得正，坐得穩。

一個人時常對自己不明就裡，常覺得自己是胡亂反應、無意識行事，那他必然難以認同自己的言行舉止，也難以堅定自我，更不用談到支持自己和肯定自己了。他也必然時常質疑自己，一下想這樣，一下又反對這樣，像是跟自己一直在捽角，鬥來鬥去，卻不知道如何以一致的力道和目標來前進。

一個人和自己的關係混亂及充滿矛盾和衝突，也必然會投射到和其他人的關係上。若是對自己冷漠隔離，對他人也會待以冷漠隔離。畢竟我們能與自己接觸到的地方，也才能和別人接觸到。

所以，在想建立任何實質交流且有意義的關係之前，先與自己交流並且樂意探索自己，才能讓我們的內在豐厚起來，不僅有自我的思想，還有自我的情感。自我豐富了，與他人之間的關係也才能豐富。

20／學習對人好奇，產生共鳴的情感

孤寂的人很少眞正和別人互動，大多數活在自我中心的世界。他們常以自我中心來解讀及認定，而不是眞正去認識別人和了解別人，從這個角度來說，他們其實對別人缺乏興趣，也沒意願眞正去探索和認識這個世界。

越對他人沒有興趣，也不想了解，就越難建立眞正的關係，關係很容易是單向的，不然就是流於淺薄的社交，很難有深度的認識和連結。

二〇〇四年美國有一項統計說，每個人在生活中平均可以找到兩個人（關係）可以深層談話，感覺到情感連結。但有四分之一的人表示，連一個這樣的人都沒有找到。

經歷了十六年後的現在，你認爲這項統計數字，會產生什麼樣的變化呢？對於這樣大量使用科技產品過生活的現代人，有沒有可能會到一半以上的人口，覺得生活中連一個這樣的人（關係）都找不到呢？

有些人可能身邊是有人在的，但構不成「有意義的重要他人」。就算是周圍有人走來走去，你的內心仍可能因爲沒有連結感，而感覺到空洞、空虛。

與他人連結，懂他的哭與笑

「連結感」是一種讓兩個原本獨立的個體，在內心感受到情感的互通及彼此相關連的一種聯繫。也就是說，原本我們兩個是不相干的，但因爲「連結感」的發生和存在，我們能跨越無法消除的孤獨感，感覺到我們不只是單獨的存在，我們的存在還或多或少都和別人有連結。

然而，「連結」的發生，需要有情感，特別是「好奇」的情感，有一種對另一個生命的興趣。沒有連結感的人，對世界沒興趣、對其他生命意識沒興趣，活在一種封閉的狀態，因此無法與他人產生共鳴的情感，不懂他人爲何哭、不懂他人爲何笑，當然對他人的任何情緒感受，都沒有什麼感受或反應。

缺少從情感層面發生的連結，即使人和人之間有頻繁事務的接觸和處理，社交的應對也忙得不可開交，但心裡的連結還是可能很弱，甚至到空乏的感覺。就像許多人每一天很忙很累，好像有許多和人的談話和互動，也和許多事物有所交集，但一天之後，內心還是空蕩蕩的，甚至有種累壞的疲倦感，虛脫得不得了。那些從早到晚的互動實在太消耗人的能量，卻不見得能從中感受到有意義的連結，和與人關係中的情感滋養。

一開始談戀愛時，畢竟還在相互摸索和認識中，或許人們還有一點兒願意關注和好奇，加上激情作用，會有一種時時刻刻關注對方，想要和對方形影不離緊緊依戀的衝動。這時候的人們，情感總是有較多的流動，心也比較柔軟而開放，願意給予對方較多的傾聽和回應。

但若不是原本就有的特質和能力，當戀愛的動情激素退卻之後，人不再受非理性的情愫所推動，恢復原本生活的常態時，你就會發現許多人在關係中又回到往日的特性或習慣，很少表達情感，也很少互動溝通，連分享交流都很少。漸漸地，這原本讓你燃起強烈興趣和親近渴望的對象，卻成了一位無話可說，沒有共通點可以交集的心靈陌生人。

避免情感閉塞，學習深度認識他人

一般來說，缺乏興趣去認識及了解他人的人，也會缺乏興趣去關心和了解他人。我說的不是八卦那種探人隱私的好奇，而是深度地認識人的生命，關於人的足跡和經驗過的歷練。對人的生命、人的內涵好奇的人，會去聆聽人的生命故事，或是閱讀傳記，或是觀看紀錄片，因爲他對人的生命會如何思考、如何反應等課題，都想要探究。某個層面來說，他也有興趣探究人的心理和行爲，以及人性的展現。

但沒興趣的人，常會說：「我不知道別人爲什麼要那樣做？」、「我不懂他在想什麼？」、「我不想知道他怎麼了。」

對活在自我中心的人來說，他只煩惱著自己的煩惱、在乎自己的在乎，對於自己不在乎的，也認為何必在乎，一切的評論標準都來自自己的反應。他的觀點裡沒有別人的角度和立場，也沒有別人的情感和經驗，他對這世界一切的評論和看法，是完全不理會別人，也不關切別人的。如此活在自己世界的人，即使有人生活在他身邊，也等於沒有。

如果連對自己的感覺和想法也同樣地不關心、不想覺察和了解，那麼這個人活的狀態就會只剩下本能反應，餓了吃、累了睡、醒著也像是睡著，完全不進行任何思想和情感的活動，活著也像是不存在一般，沒有創造任何存在的意義。

特別是情感閉塞的人。很多原因的交互作用，讓人處於情感閉塞的狀態，有些原因可能來自於基因的遺傳，也就是先天因素；有些原因來自後天的養成，可能是家庭環境和家人關係的影響；有些則是成長過程和社會互動下的塑造。

情感閉塞的人，在理智功能上還是會思考、運作、計算，理解方面也沒問題，但在社會情境下，和人際關係的互動很明顯地缺乏情感的敏感度，難以辨識和同理他人的情緒感受，也不想去接觸和了解人的情感是怎麼回事。

為什麼會這樣呈現，原因是十分複雜的，但我認爲，其中一個原因就在於對人沒有興趣，對人的態度可能是像對工具或對機械，不認爲人需要被關心和被了解。所以他可能會給人指令，或聽人給他指令，但對於人的動機和意圖，甚至情感的動力來源，就一點都不了解，也不好奇。

另一個原因是：生命經驗的淺薄，也可能是造成無法情感深度交流和連結的主因。

超越淺薄的生命狀態

你覺得你的生命狀態成了淺碟子嗎？裝不了太深、太多及複雜的心緒，也彷彿眞的自己沒有太多個人的想法或感受？

越是讓自己猶如機械般活著的人，無法和其他人連結，和自己無法深層連結的情況就會越明顯。

對自己不好奇也毫無興趣的人，對他人也是。內心運作的只有「應該要做的」、「什麼才是對的」、「本來就該做的」，除此之外，感受不了人複雜的心思和複雜的情感歷程，甚至有一種「感受那麼多有什麼用」、「想那麼多很無聊」、「知道那麼多幹嘛」的認知判斷，這些都會使我們內心呈現空洞和無感的狀態。

思考自己的思考、感受自己的感受，進而去體會及了解他人的思考和感受，我們的世界才不會只充滿了各種各樣的「事情」和「目標」。

能以關懷之心去了解自己，也以關懷之心去了解別人，在我所關懷的部分，和你所關懷的部分，形成有關連的交流，交換彼此的所思所感，不是只有單一方的獨白或高談闊論，當然也不是落入辯論是非對錯的爭執中，我們才能因爲交流，而讓彼此感受到有滿足感存在的一種連結。

在你的內心世界中，有幾個情感連結很深的人呢？但願你有一個。若還無法建立，至少要有你自己啊！

21

以情感連結及友善回應他人

孤寂，是一種情感的斷連和人際空虛的寂寞感，因此解方就是要能提高對情感的靈敏度和人際連結度。

孤寂者可能太習慣孤寂（鮮少和人相處），也可能因爲要自我保護，以防脆弱的自我遭受打擊，他們害怕擁有後卻失去的感覺，索性都不要去擁有連結了。對有些孤寂者來說，雖然孤寂，卻可以減少與人交往的失落與受挫，所以還是寧可選擇孤寂，畢竟孤寂和受傷相較起來，孤寂似乎感受到的痛覺較緩和。

孤寂者都有自己的一套理由或原因，來避免和人有更多的接觸和來往。要改善對人的負面感覺和感受，絕不是靠一朝一夕。某方面來看，孤寂者也會認定自己是被群體社會所排斥和拒絕，彷彿他們沒有入場券，沒有資格可以獲邀一起參與群體活動。

這種不得不孤寂的主觀和客觀因素都是存在的，有時候這些主觀和客觀的因素，還會相互碰撞，產生更多孤寂感。就像一個害怕在群體中表現不好，在乎別人的眼光和評價的人，害怕接觸群體，壓抑和刻意武裝自己的狀態。在這種情況下，別人接觸到他也會感受到不適，好像被認定是一個可怕或不友善的人，爲了不要增加彼此的挫折感和不舒服，原本在周圍的人，也趕緊離開，或是減少接觸，於是又留下孤寂者獨自一人。

孤寂者可能並沒有意識到自己一直在進行對人的考驗，因爲不信任，所以無意間出現很多讓他人受挫、對他人不友善的言行舉止，想要離這個讓他覺得煩躁不安的他人遠點。但我認爲在潛意識之中，**孤寂者是想對人進行考驗，有一種：「我這麼難搞、這麼難相處，你還會願意在我身邊嗎？你會不離開我嗎？」**這是我們在之前篇章談論過的，一種青少年時期的閉鎖心理，覺得人際關係是被動的，要等著某個人完全極致地主動給予和付出，確保有一個人完全不會離開，我才要接受這樣的一份關係。

這當然不是成熟的的人際關係態度。所有的人際關係都不是為了只供應我們的存在需求，我們也不是始終處於幼兒等待被餵養的狀態，好像照顧者不給予餵養，我們就只能任由被忽視和等死。健康的人際關係，雖然含有社會角色關係在其中，但在心理上的關係是一種平等、相互尊重，也相互支持與合作的關係。是這種共同參與、共同經驗和相互交流分享，帶給我們有意義感的人際關係。

勇敢走出保護塔，學習傾聽

孤寂者的內心對人際關係的觀感和解讀，仍帶有許多未成熟狀態，以及未社會化階段所認定的判斷。

若是你是一位想改變與人關係的孤寂者，那麼你可能要願意冒險，試著打破過去既定的人際關係偏見（設定），不以過往的經驗就毫無辨識和分化地推論到其他的人際關係上。如果，你願意嘗試走出自己的保護塔，開始接觸及認識這個未知的世界，那麼你眞正要做的是去勇敢發現和勇敢體驗，不帶著自己的預設立場，和自己預先設定寫下的腳本。

任何好的人際關係之所以能夠建立，在於能連結對方的心思和心情，也就是讓對方也感受一種不斷裂、不被忽視、不困窘的尊重感。因爲你對生命的愼重以待，人們會感受到這種被好好對待的心意。

雖然傾聽很重要，但不是沉默就代表正在傾聽。許多人都需要被傾聽，但在乎關係的人，也會重視對方在傾聽後的回應，因爲他想要知道和了解對方聽完之後的觀點或感覺。除非不在乎關係的人，他只要「說」，只需要聽衆（一種工具），卻不想得到任何的回饋和反應。

所以，**孤寂者化解孤寂的機會就是要學習傾聽，聽聽看別人的世界是什麼樣的一個世界，特別聽聽看在對方描述的話語裡，他的內心正感受到什麼？他正在描述什麼樣的經歷和心情？**

這個練習，可以讓你去發掘這個世界，不是只執著在你認定的那個世界。我們在走出自己的保護塔過程，必然會看見「我」以外還有更大的世界。開闊自己的視野，看見不同的世界、不同的人，是重要的歷程。就像是你在旅行，在旅程中會遇見各種形形色色的人，你要做的是，提升你的好奇與興趣，聆聽及閱讀別人的生命展現和閱歷。

如果，你有想和別人連結關係，即使只是短暫一瞬間也很好，因為經驗值需要積少成多，累積出量多質改變的自然變化。

練習把關心的焦點從自己轉為別人

當你試著真正地關注別人，用心聆聽及感受別人時，你有機會離開自己的焦慮。我們之所以那麼的焦慮不安，那就是我們膠著在自己的表現，不斷地質疑和不安自己該怎麼表現，因為太聚焦在自己身上，反而更加緊張和不安。如果你能先練習關注別人，好好地觀察及熟悉別人，那麼專注關注別人的你，會降低無意識的焦慮。

但千萬別急著立刻有什麼成功，這種帶著目的性的嘗試，也會引發更多的焦慮。活在現代，我們時常有焦慮，因爲那來自一種對成功的渴求和羨慕。

我們很想掌握，很想擁有，於是，失落和挫折也就無情地打擊我們。

如果，我們能接受、試著接納我們會遇到的當下，無關好壞對錯，都是一種情況，一種我們需要歷練和經驗的情況，然後試著安穩走在自己的路上，走好自己的步伐，學習及面對自己的學習，那麼，所有的情況都是我們可以認識自己的過程，也是啟發與啟動內在自我的過程。

試試以下的練習，當你聽見一個人在說話或正在表達什麼時，聽他話語的內容，同時觀察他的面容神情，還有他的姿勢和手勢，試著去理解或是感受：

1. 他現在的狀態怎麼了？
2. 如果有較明顯的情緒，那是什麼？
3. 他的口語表達和他的外在行爲及表情，讓你發現什麼？是一致性的表達，還是有另一種掩飾或是意圖？
4. 什麼樣的回應可以表達出你的友善，或是和他建立一種溝通的連結（同一個頻率）？

用這四個問題，多加練習觀察及聆聽他人的表達，試著安穩下來慢慢辨識，盡量不再以過去的習慣，想要立即地「逃跑」或「防衛」。這是練習觀察人及研究人的歷程，越是能觀察到更多的資料，也能幫助我們更多地觀察自己。如此內外的世界，就能更加開展；更深地認識別人、更深地認識自己。

22

重新打造內心的安全避風港

我們的人生總有一刻會讓我們明白，我們要能承擔更多及更大的生命責任，需要先從自我安頓的能力開始。也就是，任何處境情境，你要先能自處。

自處的能力，不在於你多有學歷、成就，或是頭銜，你就能學會或擁有。而是你的內在對於支持自己、回應自己的能力，有多穩定？

但是，事與願違的是，我們的自處及調節壓力的能力，和童年的經驗息息相關，若是我們童年的存在，常受到負面的質疑和傷害，特別是情緒性的暴力或是肢體傷害，這都會影響我們面對壓力的反應。那些情感上的受傷和肢體上的受傷，不僅讓我們的壓力增加，還削弱我們調節壓力的處理能力。

你可回想，當你遇到外界的訊息，是不是一下子就讓訊息攪擾了你的心，而不是先把這訊息放在離內在心理有段距離外的位置，試著思考及辨識這個訊息是什麼？有什麼影響？與誰有關？以及與自己的關連是什麼？

時常受環境訊息干擾的人，都是失去內建安全感的人。他們的界限輕而易舉就被入侵或是影響，任何外界的風吹草動都足以讓他們受到很大的驚嚇。

覺察、辨識內在的情緒反應

我們的情緒是被建構出來的。也就是童年遭受過什麼樣的經驗，經歷到什麼樣的情緒感受，之後我們就會對於相似的情況和事件，立即產生慣性的「情緒反應」。如果，你沒有把注意力放在自己身上，去感受、去覺察，然後辨識它們，那麼，你幾乎立即會被情緒籠罩，無力去處理和自控所發生的情緒衝擊。

因此，內感的自覺很重要，思辨也很重要。

當你在思索時，發覺內在已有情緒引發，你要試圖辨識發生了什麼，然後了解這時的情緒需求，試著回應自己的情緒，以調節或安撫這些情緒。

回應自己情緒的做法是：

1. 辨識及標定自己是什麼情緒？（例如是煩躁、憤怒，或是不平。）
2. 覺察情緒是從哪一個環節或冒出什麼想法而產生的呢？（例如認為：對方又再針對我了。）
3. 先同理支持自己的情緒（例如：我知道我現在感到很生氣，覺得事情又是針對我，這讓我感到煩躁或不平，但我可以先深呼吸，了解事情狀況後再來說。）
4. 試著了解客觀事實的情況，必須澄清或是核對的部分，要試著為自己去溝通或說明。然後思索是不是被過去哪些未完成的情緒事件勾動（持續感到創痛的經驗）？或是不是過往壓抑的情緒，透過現在的事件引爆出來？
5. 澄清或核對及自我探索過後，再繼續完成調節情緒及安頓情緒（例如：剛剛真的很不舒服，也覺得很不安，但事情先到這裡了，我可以慢慢地讓心情透過呼吸平靜地沉澱下來。）

也就是說，要成爲一個有能力陪伴及協助自己去面對外在訊息及干擾的人，要有能處理內外在訊息及調節自己情緒的能力。

內亂只會擾亂我們的內在能量，成爲我們身心耗竭及過度疲倦的來源。

安撫、安頓內在的情緒

如果一個人沒有能力處理外在來的訊息，也沒有能力安撫、安頓內在的情緒，那他的內在會像是一個暴風中心，無法風平浪靜，時時刻刻都在不穩定的翻攪中。

人內建的內在處理器，就是我們大腦裡的理性和感性，理性負責處理認知訊息，感性負責處理經驗和感受。無論是理性和感性，大腦的存在，就是爲了讓我們在與外界互動和相處時，能做出最適切的反應，並且有利於我們內在的安穩。

理性和感性在處理我們生活的大量訊息及經驗時，若是時常訊息錯亂、沒有辦法維持秩序，同時無法篩選及決策，又難以處理、消化內在引發的大量情緒波動，那麼，長期的內耗下，此人的內在處理系統會失功能，無法運作得當，除了會誤解誤判情勢之外，還可能產生錯亂的行爲反應。久而久之，內在的能量耗損嚴重，就會造成身心各個方面功能的延宕及失常，當然也包括發生各種身心方面的疾病。

能否情緒安頓，是一個人得力的關鍵！

情緒，在我們人生裡的運作很重要。因爲有情緒，我們能知道兇險環境的存在；因爲有情緒，我們能知道適時保護自己的安全；因爲有情緒，我們能知道避開一些有害物體；因爲有情緒，我們對日子有期待也有希望……。

但是，若我們不學習加以駕馭及加以管控這與生俱來的內建功能——情緒，就像是一直沒有受到適當教育的孩子，沒有行爲的管教，也沒有合情合理的引導，更沒有協助孩子如何呈現及表達自己，才不至於傷人傷己，那麼，這個孩子在成長一路上的狀態，與這世界互動、與他人相處，都會倍感挫折及艱辛。

訂正情緒反應

情緒，就像是你內在的一個孩子，它有原始的情緒能量，它有創意性，它有各種情緒表達的天賦，但是，重要的是，你是培育它成爲生命裡一個重要助力？還是任由它成爲你內在的一個情感暴風圈？不只操縱著你生活中的心理狀態，也操縱支配著你與他人的互動模式及關係面貌？

在處理和安頓我們的情緒過程，少不了「訂正」。所謂的「訂正」，就是不再習慣以過去的某個事件，或某次的情緒經驗，就定義後來的類似經驗。例如：幼年時遭遇和母親分離的悲痛，後來只要與人有分離情境，甚至只是單純聚會結束後的說再見，那種痛苦和憂傷就自顧自地引發，並且一發不可收拾，等於是在說服自己的大腦：「又來了，好可怕，我又要感到好痛好痛，我又要被丟下了……」完全無視於情境已經不同，自己的狀態也已經不同，事件的脈絡和關係也有大大不同。

唯有我們內在可以有一個不當機、不失功能的處理器，幫助我們訓練自己在面對訊息的當下，分析歸類、抽絲剝繭，搜尋及建構解決的策略，我們才能信任我們自己，回到我們的內在中心，以客觀現實感來鬆動和訂正我們早年經驗所造成的錯誤判斷。

身爲一個邁向成熟的成年人，其中一個能力的發展，是能夠陪伴自己澄清與溝通，不再依據童年的經驗或早期經驗，就過度類推，認爲等於整個人生、等同於全世界。我們永遠有機會去認識一個新的世界，這個契機，在於你願不願意重新建構新的體認，透過你親身經歷（不是用大腦設定的假設），以未知的心，眞正認識這個世界。

23／承認我們都是脆弱的人，需要彼此

當每個人只關注自己時，這便是孤寂世代的來臨。

就算身邊有人，也對我們失去意義，既不想了解，也不想連結，每個人所謂的世界，就只是活在自己的世界而已。這樣的世界，只是成了一座座不相干的孤島，雖然是群體生物，也不再感受到和群體的關連和相處的價值。

我常遇到年齡三十歲上下的單身者，在未有適合結婚對象的情況下，他們會遭遇到被父母或親友催逼應該要有婚姻的壓力。有些人會說父母充滿指責地說：「眞沒用，一個交往對象都沒有。」有些人則是聽到親友充滿擔憂地說：「你要這樣一個人下去嗎？老了要怎麼辦？沒人照顧，很可憐的。」另外有些人，則是

看著父母親友匆忙焦慮地要幫忙介紹，或安排相親。

但是，他們心中都有一個疑問：「從小看父母不斷爭吵，總是情緒很大很糟，小孩也遭殃，從來沒有見到他們是彼此親密和信任的伴侶，也沒有看過他們好好相處，又爲什麼要對我的人生指指點點，非要我找個伴不可呢？」，也有人曾經對我說：「說眞的，眞的要和一個人在一起，若是不快樂、不幸福，卻拖拖拉拉一輩子耗掉人生，就覺得好可怕。」

許多人共同的疑問是：「一個人很輕鬆、很自在，爲什麼要多找一個人來麻煩？」

確實，人生並不能簡化爲：一個人就是悲慘孤單，兩個人才能保證幸福有依靠。事實上，若是沒有和人相處和相愛的能力，卽使想方設法地尋覓另一個人進入關係或是婚姻，那也可能是一場災難，或是製造了兩個人的孤單和寂寞。

而一個人若是能對自己的生命以及生活負起責任，並以自律和積極的態度來充實自我，對自己的身心照顧能維持完善品質，這樣的一個人並不會是可憐或不幸，反而有高品質的自我實現，專心在個體的自我完成，同時能貢獻社會。

沒有人可以一直是強者

但是，有沒有人一生可以自始至終都維持這麼高功能的能力？有沒有人可以保證自己一生都不會遭遇疾病、退化或是意外失落？我們眞的可以單單依靠自己，就能維持和擁有生命需要的生活品質？

即使不是進入婚姻或是擁有親密關係，人都不可能只單靠自己一個人活著。我們每一天的生活都仰賴社會的運作和分工，透過每個人的職位或身分，我們都在擔任不同的社會角色和功能。所以，沒有人會不需要社會。社會的存在意義，比我們所認知的還具有更大的功能和意義。

最大的意義，就如阿德勒認爲，人與大自然相較，和其他動物相比，處於相對的弱勢，人類必須能夠合作共處才能生存。身爲人都要準備好面對與人共處，積極地投入社會，並能貢獻己力，以延續人類的生命。

因此，我們的相互依靠和扶持，並不只是爲了某個個人的生存利益而已，以更大的局面來說，如此才能讓人類的生命得以延續。不論是發展醫療和公共事務，或是管理眾人之事的政治和法律，都是爲了提升群體擁有更好生活的目標。

即使不是用建立婚姻或家庭的形式，共同合作提供生存的保障，人仍然需要社群來相互貢獻、相互支持，以幫忙彌補彼此的不足和短處。而最大的需求，莫過於身爲人都有脆弱之處，我們會受傷、生病，也會遇到危險和各種患難。沒有人可以一直以強者姿態，杜絕經驗個人的脆弱和渺小，即使許多人常以「要堅強」做爲自己的武裝和保護色，但眞實的人性及生命本質，都不可能眞正阻隔掉經驗生命的不足和自卑。

若不是因爲脆弱眞實存在著，人們好害怕受傷受挫，又何須不斷地追求優越和堅強呢？這些強調和執著，不就是因爲太害怕經驗到內心的脆弱和懼怕嗎？

面對脆弱，最好的方式是承認脆弱；承認這是人類的本質之一。生命眞的不是用鐵打造的，也不是不鏽鋼，人的身體是血肉之軀，骨頭關節也會碎裂。至於大腦，主管我們的情緒和理智，還有行動反應的重要系統，更可能因爲一個外力重擊或重摔，就失去功能，導致喪生。

面對脆弱，承認脆弱

我們不脆弱嗎？任何有機體的生命都是脆弱的。看似簡單的呼吸和飲食睡覺，只要有一個差錯、一個看不見的病毒或細菌，就足以讓我們突然之間生命終止。

正因爲我們內心淸楚明白，人的存在是脆弱的，生命也存在一些無法控制的意外，所以人們才會對「安全感」有近乎神經質的執著和防範。任何可能引發不安全感的人事物，任何有違於我們本來習慣的改變，都會讓我們神經緊繃，好似遇見大地震般的驚慌失措。

這就是人的脆弱本質，即使不斷自我要求，甚至苛責，我們也不可能完全成爲一個堅強到絕不恐懼、害怕、無助和不安的人。

在臨床上，大部分生重病，一下子從所謂的強人倒下的人，都是透過不停地壓抑及忽視自己來爲生存戰鬥。那些在別人眼中被視爲強者的人，我卻常常看見他們眼中的落寞和孤寂。或許他們不會輕易坦承在人際關係中，他們感受到的疏離和孤單有多麼令他們悲傷和痛苦，但每當我有機會碰觸和聆聽他們的心聲時，我可以聽見那些要自己以強悍和優越來證明自己是夠好、有價值的人，心中渴望的，其實都是能得到一份溫柔和一份珍愛。

或許因爲他們不停地追求優越和堅強，然後以這種生存姿態也要求及期待身邊的人，希望他們的生命也可以得到優越和堅強，以此來做爲他對別人付出的用心。但這樣的做法卻適得其反，反而讓關係處在一份窒息的壓迫感中，好似必須努力再努力，才能證明自己值得存在；因爲這樣的關係太強迫也太控制，缺少對人的關懷和理解，以至於後來這些關係總是漸行漸遠。

人不願意經驗自己的脆弱，也不想體察生命的脆弱本質，常是源自於早年的自卑和羞恥感，烙印在自己身上，於是以瑕疵和有汙穢的眼光看自己，再以不停地苛責及批判對待自己，來補償自己不夠好的羞愧及罪惡感。這樣的人心理會走向極端，以偏激的態度和方式對待自己，當然也會以此價值觀和生存信念評價別人和對待關係。

這其實也是一種想要把自己去人性的做法，想抹去人性的脆弱面，拒絕我們需要他人的幫助或關懷，以爲只要我們走到強大、堅不可摧的狀態，就沒有什麼遭遇和經歷，會讓我們難過和受傷了。

這是童年不幸遭遇和情感受創經驗下，所形塑的既失眞又扭曲的想像，以這種想像來迴避眞實的人性體認。

活在想像中的人，都必孤寂。無法如實地安穩自己、承接自己，下意識地遠離和迴避自己。也不活在當下，而把自己懸在虛幻的半空中，以武裝和流於表面化的呈現，來讓別人看不見他內在的眞實。

若一個人是這樣，騙自己久了，就會以爲是眞的，以爲自己眞的就是那樣的面貌。當然，不論是自己或別人，也都再也看不見那具有人性和溫度的面貌，究竟在哪裡？

領會健康的孤獨，發展合宜眞誠的關係

榮格認爲，統一的規則和制式的教育把人逼向孤獨，他們才得以逃離群體無意識的壓迫。然而，孤獨卻使人變得敵意、惡毒。所以要給人機會讓他獨處，他才會自己主動找到群體，並產生喜愛群體的可能。

所以處於孤獨時期的人，眞正重要的歷練是「自我探索與自我認識」。這也是我們生命歷程必要有經驗孤獨的時刻。若是生命經歷的大大小小事情，都至少有一個人在你旁邊，那麼那個人的意見、感受或是價値觀，都會輕而易舉地涉入你的選擇、想法、感受。那麼不論你活到多老，你都不會有機會眞正地、眞實地了解自己的想法和感受，還有釐清自己眞正渴望和需要是什麼。當然，也不會有機會透過親身接觸自己和理解自己，了解及認識自己的性格、喜好、價値觀和自我，是如何形塑而成的？

當我們還是小孩時，這些心理需求的發展必須透過外求：期待大人的回應、期待大人肯定、期待大人給予許多愛和歸屬的保證。如果我們獲得回應及保證，內在的心理需求就會開始累積經驗，反饋至我們對自己的觀感，形成我們對自我的好概念。

有非常多人自小就處於心理需求被漠視的狀況：生活不安穩，照顧者的情緒不穩定，以至於更不用說心理需求這回事——根本在生活中，徹底地被排除了心理關照。

這樣的人，爲了生存、爲了過日子，必須成爲假性自我（以爲是自我，其實是掩藏眞實的自己，扮演別人期待的樣子），把眞實的內在隱藏壓抑，做一個配合環境、努力求和，害怕被拒絕及疏離的人。處處以環境中重要他人的想法爲想法、感受爲感受，盡力的聽話、努力的付出……透過把角色扮演好，獲取他人的關注及肯定。

探索眞實內在的破洞

可是，在他的眞實內在裡，卻始終是一個孤寂、不安、焦慮，對愛和肯定感到飢渴的人，怎麼也彌補不了……。爲什麼怎麼肯定和關注都不夠呢？

因爲幼年時期愛的缺乏和情感需求的落空，或過早經歷「背叛」，都會使得個體在建立自尊和信任感、親密感及安全感的黃金時期（學齡前），並沒有獲得安穩內在的自我基底，也就無重要經驗值讓個體體會「自己是有價值的存在」、「我是一個被喜歡和被愛的人」。反而形成的是更多負面的自我概念，否定自己，像是：「我是不被接受及重視的」、「我不重要」、「我沒有價值」、「我不該存在」……等等。

沒有感受過被喜愛、被接納及被重視的孩子，那些愛與關懷的情感缺失，會漸漸侵蝕他內在的自尊及自我存在的價值感。雖然表面極力要求自己去討好，符合他人要的標準及認可，但持續的情感缺失和回應的落空，讓他的內心漸漸損傷成一個大破洞——一個再也不相信自己爲「好」，不相信自己是「有價值的」巨大破洞。

這種巨大破洞，在生活歷程中，時時都會反映出對自己的懷疑和否定，怎麼看自己，都覺得自己不好，甚至不斷出現疑惑：「我值得存在嗎？我值得被愛嗎？」弔詭的是，爲了不停地鞏固自己值得存在、自己是夠好的、自己是夠優秀的，就必須不停地上演心理遊戲，讓環境及他人來證明自己確實是有價值的。

覺察四種扭曲的關係模式

下列扭曲的關係模式，正是童年形成不穩定的自尊及自我懷疑的人，在成長歷程中，漸漸引發強烈的情緒颶風，使自己內心活在狂風暴雨的折磨及痛苦中，也讓環境中的他人必須痛苦地配合、一同演出。而最大的代價，就是好似有重要關係存在，內心卻異常地孤寂和空虛。

不停地競爭及比較

因爲內在無法肯定自己的價值，也無法認同自己夠好，只好透過不斷地比較和競爭；只要爭贏了、把別人打輸了，才能相信自己「好像」是不錯的、有能力的。然而這一刻的優越感，很快就會消逝（因此才稱爲心理遊戲），於是就必須再尋找下一個競爭對象，努力贏過心中的對手，才能提升自己內在的低落自尊及虛弱的價值感。玩這類心理遊戲的人，都難以和周圍的人際關係眞心交往，他人只是一個個假想敵的想像。

永無止境地需要「保證」

內在自我價值感不穩定，也極度不喜愛自己的人，一旦進入較爲親近的關係（無論何種形式的關係，伴侶、親子、同儕、朋友……），就會對關係形成一種不安全感。所謂的關係，就是情感上會牽扯到另一個人，自己某些情感需求會傾向依賴另一個人的支持及安慰。越是產生依賴，就越恐懼對方的離開或消失；再加上本來對自己的厭惡和不喜歡，更易投射於關係中的對象上，認定對方也是如此厭惡自己及不喜歡自己。

於是，這些無法抑止的恐懼和慌亂，就需要不停地確認對方「不會離開我」、「還是很重視我的」，或是「一直都會愛我」。然而，這些「保證」就像是空心的，怎麼也不會被一個不相信自己值得被愛的人接收到，反而只是淪落到不停追問、不停要保證的輪迴裡。

◈ 害怕不被愛的恐懼

就如前述，一個壓根兒從內心就不喜愛自己的人，即使渴求愛、尋求愛的對象有正向回應，他的內心也不會相信自己值得被愛。不被愛的恐懼，才是盤旋內心最糾纏自己的聲音。當內在不斷放頌害怕自己不被愛的焦慮時，他便會難以自拔地陷落在不停地找證據，證明對方不愛自己的行爲或表情，而變得神經質，不停地起疑心。這種深怕不被愛的感受，根源自從小就體認自己是不被愛的小孩，孤寂和落寞感是那麼凝重，於是當產生了新關係，就會不自覺地啟動過往的情感創傷，陷入在被遺棄的陰霾中，難以平復。

虛空的內在，虛假的自我

一個從小就覺得自己的存在沒有價值、不受重視的人，爲了要求得環境的接受或生存的安穩，他必須試著去僞裝自我，讓自己的外在表現符合環境的要求，滿足他人的期待，順應他人的需求。卽使內在有屬於自己的感覺和觀點，也必須要壓抑及去除。當眞實的自我被自己一點一滴地抹去、一點一滴地否定掉，他會慢慢成爲一個空心的自我（空罐頭），不知道自己是誰，不知道自己的感覺和想法，更不知道自己想要什麼或不要什麼，對關於自己的事，一無所知。

於是，在成長過程的人際關係裡，他只能跟從、順服、配合，卻不知道自己是一個實在的個體，對於自己人生的各種情況，也不知如何是好，頻頻地仰賴外在的指引和支配。他以爲這樣的順從和配合，有機會讓外在環境的人肯定及重視自己的價值，卻沒有理解到，不停配合和失去自我自主能力的人，只會不斷地受他人濫用和指揮，是不會獲得他人的尊重和關注。

以內在安穩的能量，超越早年的情感創傷

以上這些負向循環的人際關係歷程，正是來自內心有不穩定自尊，無法從心底肯定自己存在價值的早年創傷，引發成年後人際關係的蝴蝶效應。這劇烈的情感創傷風暴，不僅侵襲著個體的內在空間，擾亂了人際間可以建立安穩關係的機會，使得自己和外在關係兩敗俱傷，也讓彼此的生命能量，在懷疑和不停摧殘中耗竭。

我們需要了解，沒有人天生就懂得和另一個人好好相處，發展和建立真誠不帶防衛的親密關係，因此我們都需要學習。就像健康的孤獨，也需要學習。如果只想以自己的偏好和早年經驗所形成的習慣，隨性任意地和人相處，也可說是用「本能」在直接反應，想如何就如何，一切就照大腦的迴路自動化運作，那是無法和另一個人建立眞實合意的關係的。說坦白點，你只是找一個人來配合你，或找一個人來配合他，而不是眞正地建立兩個人都眞實存在的關係。

當然，若沒有內在安穩極好的能量，人是難有足夠的情緒成本去和另一個人

互動。單單要理解別人的心思，又要能好好地表達自己，就讓許多人覺得非常困難也非常疲累。而我認爲，之所以會那麼累，是因爲我們多數人都不認識自己，搞不懂自己，因此無法好好地、明確地表達自己來讓對方理解，取而代之的只有大量的臆測和主觀判斷，以至於各種防衛的、扭曲的、曖昧的訊息在關係之間流竄，人和人之間無法對談也無法溝通。

懂自己、認識自己，能爲自己的狀態進行誠實的覺察，也能爲自己的對外溝通負起最大的溝通責任。就像你是自己的外交官，不僅能了解邦國之間的禮儀，也能做適當的外交溝通與合作，而不是動不動就產生誤會，或是一感到不悅或不滿意就興起許多爭執和事端。

唯有我們能平定內部，我們才可能有足夠的能量去對外開展與他人的合作。若以一個國家來比喻，一個不斷內亂內耗的國家，也不可能會有好的國際關係，甚至也無法得到應有的尊重和平等對待。如此下去，如果不是逼得自己鎖國，不然就是和全天下都處不好。

我們每一個個體就像是如此，一個無法平定安穩自己的人，他和別人的關係就難平衡及協調，更不用談到相處的能力，和友好親密的可能。下一章，我們要聚焦在個體內在平穩的練習上，透過每一步驟的習作，讓我們能和自己連結，也能鍛鍊好內在的承接力，好好地接住自己，和自己建立具有承諾及信任的關係。

第五章

擁抱及愛回內在孤寂的自己

只有當人能夠察看自己的內心深處時，他的視野才會變得清晰起來。向外看的人是在夢中，向內看的人是清醒的人。

——榮格

你準備好用愛擁抱自己的孤寂了嗎？你願意療癒你內在的孤寂小孩嗎？

他等你很久了，而他始終相信你、等待你。就像是一直在等父母來接他回家一起團聚的孩子。

我要和你一起把自己的情感找回來，以仁慈及溫柔善待自己、關懷自己，不再對自己冷漠以待，不再對自己不聞不問，不再用過去童年被對待的方式，毫不留情地再任意對待自己和世界。

當我們成為第一個樂意好好照顧自己、愛護自己的人，我們的內心會感受到無條件的愛，這是對自己最重要的承諾：「我不會遺棄自己、背叛自己」。有了對自己的接納和尊重，我們再也不須隱藏自己、模糊自己，而是充足地帶著愛和安穩，展現出完整的自己。

25

修復練習第一階：允許你有感受，降低神經症反應

我們幼年的經歷和遭遇，在五歲前幾乎以一種沒有過濾，也無法阻擋的情況，內化成我們內在系統的資料和反應模式。

那時候的大腦，會因爲你幼年的生活經驗所面臨的處境，而釋放在那些情境下被激發的情緒。如果，某些情境和經驗是每天發生，甚至時時刻刻發生，那麼你的大腦會因爲不斷被激發的情緒，而認爲你的生活需要有大量的這些情緒，來提示你小心注意你所遇到的衝擊或是危險。這也是後來成爲我們自動化神經症狀的原因，一旦發生某種情境，就不由自主地慌張、焦慮、身體器官疼痛，或是產生某一特定的情緒。

這些自動產生的身心反應，無非是爲了防衛，以一種「有威脅了」、「不安全了」的知覺，引起強烈的身心反應，若不是要趕緊「逃跑」，不然就要迅速「對抗」。若是大腦遇到認知失調，身心不知道要往哪裡反應，這時就會立即處於「僵直」狀態，動彈不得，斷線抽離。

被幼童心理狀態綁架的大腦

但不論是「要逃」、「要戰」或「僵直」，這都是神經自動化反應，也就是大腦習慣性地跑過去熟悉的迴路，來因應當下覺得不安的情境。往往這樣的情況，就是我們的心智瞬間退回孩童時期的心理狀態，以幼童的心理看待外在世界，被恐懼和不安的情緒籠罩和覆蓋，就像是幼年時一樣的無助和驚嚇，反而無法以成人功能和能力的狀態去就事實反應和處理。

這時，十分地手足無措，覺得自己一無是處，什麼都不會，什麼都無法去面對，只能任由大腦裡的情緒，不斷釋放恐嚇訊息：「怎麼辦、怎麼辦？我死定了，我糟糕了，我完蛋了，我什麼都不會處理！」

大多數這種神經症（身心症）的發作，個體都會受情緒綁架，因爲情緒反應太眞實了。然而情緒反應雖然眞實，但往往並不表示是事實，只是神經症讓我們對我們的偏見和誤判深信不疑。

這是十分弔詭的，我們不相信自己的能力，也不信任自己的學習力和適應力，反而相信大腦誤判的批評，和對自己一無是處的評價。這就是幼年時，我們所接收的訊息和教養對待的方式，毫無阻擋地就灌輸到我們心理。那時的訊息和經驗相當強勢，足以影響我們以後對自己的認定和評價。

而我們會不斷地受神經症反應的操縱（或稱爲制約），除了我們無力駁斥過往形成的錯誤判斷和偏見之外，很大一個部分是，我們承受不了內在情緒的引發和衝擊。

鬆動自動化的神經症反應

對一個孩子來說，幼年時的生活，最可怕的遭遇除了身體受到暴力及虐待外，就是受到強烈情緒的激發。孩子的身心幼小，沒有承載力去承受太大的情緒壓力及情緒衝擊。一個無安撫力及關懷能力的環境（家庭或是機構），便會常讓孩子處於強烈的情緒壓力和衝擊中。若是加上照顧者本身就是高情緒壓力的製造者，這幾乎可算是殘害孩子，勢必造成孩子未來的情緒不穩定，及難以感到安全感和對世界的信任感。

如果你的幼童時期，時常處於情緒高壓力的環境，不僅常被照顧者的情緒驚嚇，同時你的內在也不斷被激起高度不安和慌張的情緒，你必然會自動認定這世界充滿威脅和危險。這種深信不疑的信念，便會讓你喪失安全感，身心時常處於緊繃、警戒、敵意和焦慮中。

任何人的任何一句話、一個眼神、一個不滿意、一個抱怨，只要會引發你自動化的神經症反應，不停受環境或他人的威脅，這就足以讓你內在混亂，開始引發失控的情緒效應，不安及感到身心痛苦（例如：頭痛、胸悶、胃痛和背痛）。

所以，我們在第一步要聚焦練習的，就是要軟化及鬆動你的神經症反應，降低你被制約，然後不自覺地引發身心劇烈不舒服的反應。減少你一再成爲受制於身心痛苦，然後愛莫能助地只能用慣性反應去因應周遭發生的人事物變化，那個無助的自己。

但首先，你需要明白，既然是神經症的制約反應，它都不是你說「練幾次」或是「看看書上的文字」就可以鬆動或軟化的。能形成神經症的自動化反應，都是長年累月的，在你無意識之中，就悄悄形成，然後變成牢不可破的機制。你要有長期練習，及刻意練習的準備，並且鼓勵自己去克服自動化神經症的迴路，走出一條新的大腦迴路，建立好的新系統、新路線。

接下來，我們便要開始保有關注力去覺察你有情緒衝擊的時刻，以慢慢地適應情緒的感受，降低敏感所引發的焦慮。

留時間與情緒共處，注意力放在身體感覺

過往你有任何情緒衝擊，不是下意識地「逃或躲」，不然就是「對抗、拚了」，再不然就是「抽空、斷線、不要感覺」。現在開始，當你注意到有情緒時，讓它有空間和時間去流動，你把關注力放在自己身體的反應，不論是發抖、頭皮發麻、心臟跳得很快，或是胃抽痛及胸悶，都刻意感受它。當你在感受它（身體症狀）時，保持規律的呼吸。

你可以給自己指令：吸氣～吐氣～吸氣～吐氣～吸氣～吐氣～（規律、穩定、持續進行），一邊進行呼吸，一邊讓身體的症狀反應從發作到和緩，再到平穩。給自己幾分鐘的時間，可以有這樣和情緒共處的時間，不要興起任何的「念頭」。如果興起像是評論或是解釋的念頭，察覺後就讓它離開，就像是一片一片的雲朵，你看見它們，然後讓它們離開，不要強留或抓取，否則會令你陷入一波的意念混亂和干擾，也會激發像漩渦般的混亂情緒。

若是要知覺什麼，你可以試著這樣告訴自己：「我有這些情緒，但這些情緒

不是我」，然後，繼續引導自己觀察及感受自己當下的身體感覺、覺察自己正在呼吸。

減緩神經症焦慮或神經症不安，或任何神經症的身心反應，你都需要練習允許情緒會發生，但不因情緒發生而陷入自動化的恐慌。你若越是想瞬間切割情緒或解決情緒，你的神經症反應會越強烈。所以你需要練習和情緒引發的不舒服相處，和緩平穩地調節不舒服的情緒。

透過穩定和規律的呼吸，可以數穩定的拍子，或是利用吸氣四拍、停住呼吸七拍、吐氣八拍的方式，讓身體慢慢放鬆，讓腦袋漸漸寧靜，去練習當有情緒出現時，先和情緒單純連結和相處，去熟悉自己情緒的引發和習慣性的反應。

若是身體的器官依時間有激烈的顫抖，或是突然流淚，突然心酸酸有心痛的感覺，或是突然胃悶脹得打嗝，都一樣地去熟悉它、知覺它的引動歷程，然後透過呼吸去釋放這些情緒在身體上的壓力。如果情緒能量太大，呼氣時，可以大口及大聲地吐出：呼～呼～呼～呼～。

和情緒嘗試連結，從身體器官的反應開始連結，然後慢慢辨識及命名有哪些情緒感受出現（例如：難過、悲傷、傷心、憤怒、厭煩、不安……等）。如果一時間無法辨識及命名情緒感受，也沒關係，重要的是，你把注意力放在自己身心反應上，透過練習，與自己保持有意識的覺察。

在這一課題的練習，是爲了讓我們不再習慣性地受制約，產生一連串斷連、壓抑、切割、自動化身心症的反應，也是爲了讓我們練習與自己的內在反應，和平共處。

另一種方法是，你可以畫人形圖。每一天的夜晚要休息前，或是當下有強烈情緒壓力時，就用準備好的彩色筆，用顏色表達身體出現的感覺，塗在人形圖的部位上，在塗色時，透過知覺和自己身體的感受連結。

人形圖範例

用色筆顏色表達身體的感覺，塗在人形圖的部位上，
在塗色時，透過知覺和自己身體的感受連結。

練習靜觀，不隨情緒起舞

請在自己出現情緒反應時，練習「靜觀」，不再受害怕情緒的威脅感，反應出一系列的防衛機制及自動化的身心反應。

你有多能靜觀，就能決定你的內在能經歷多少安穩。

靜觀，即是看、關注、注意，但不「反應」。「反應」常是出於習慣性的反彈或是防衛，也可能是透過行爲轉移對情緒的注意力。因此練習靜觀，減少自動化反應，就能讓我們增加覺察，也待在自己的身上，先觀察及感受自己。同時，透過穩定的呼吸，經驗慢慢調節，感覺凝聚的一團團的緊繃反應，緩緩下降、緩緩平復，回到穩定的狀態。

平常有機會都可以這樣練習，若是有特殊情緒壓力事件，更需要有時間和機會這樣練習。這是確保我們會回到自己身上，並降低隔離情緒及防衛自己的慣性（神經症反應）。練習出新的迴路或是反應技巧，我們的大腦就有新的空間重新塑造新的處理能力。

修復練習第二階：接納及安撫你的眞實情緒

孤寂的人，內心裡深藏的孤寂，是一個很孤單也很恐懼的小孩。我們可以稱它爲孤寂小孩。它是孤寂心靈狀態的代稱，並不是你的身體眞的住了一個小孩，而是你的心智功能，或是心靈成熟度，仍像個小孩的狀態，尤其是常感受到自己的孤單和沒有歸屬、沒有人可以連結的落寞感覺。

這個內在的孤寂小孩，若沒有關懷和以愛滋養，並不會自行長大，也不會消失，反而會常常占據我們心頭，不斷地勾起我們過往負面的孤寂經驗，不停地提醒我們是如何被這世界遺棄，或是被他人拒絕。

那些孤單的、受冷落及排除的經驗，都很強烈及深刻，並且夾帶許多遺棄、背叛或是忽視的記憶。只要稍微碰觸到記憶，或被當下的某種氛圍勾動（例如一個人走在雨天、一個人在街上漫無目的地亂走、看見別人成雙成對），都可以把我們立刻拖進感傷、孤單和痛苦的情緒漩渦中，被席捲淹沒。

有時候，當下所經歷的被人冷漠以對，或是本來想要連結的情感卻斷裂，都會勾起這強烈的心理陰影，一種內心的深層傷痛，以致那些負面情緒全都被翻動了出來，讓人無力招架，或是陷入到很陰鬱的心理狀態，覺得快要窒息般的掙扎難受。

若是此時，灰心和沮喪到了極致，就會再更強化地陷入認定「人是無情的」、「人是可怕的」還有「世界是殘忍的」種種的感受裡，更加想讓自己遠離人群，想躲藏起來，免得讓人有機會再傷害自己。

所以，這種時候，接住自己內在不安穩的狀態，不任由自己的內心感受到一種強烈的衝擊和墜落，改以採取即時救護的關照。像是看見自己內在的孤寂小孩，又想躲起來，又想逃跑的感覺，你在心裡走向它，但是要以和緩及溫和的方式，慢慢地靠近它。

連結內在的孤寂小孩

爲了讓你比較能夠連結這內在的孤寂小孩，你可以先有兩種做法。第一種是，把你內心陰鬱的孤寂小孩畫出來，越能表達出你內在的孤寂狀態越好，面部表情和姿態，也許是很受傷的、孤單的、鬱悶的，或是焦慮不安的。選擇貼近你內心感受的顏色，去繪製出你感受到的內心的孤寂。

如果，你覺得很難繪圖，對你而言畫出來沒那麼容易，也可以試著從報紙或是雜誌，或是免費圖庫找尋小孩的圖片，重點是可以傳達出你內心孤寂小孩的特徵和形象，你的心能感受到一種連結。

或是第二種方式，請你去縫製或是購買象徵你內心孤寂小孩的布偶，可以是小孩人形布偶、小動物布偶，或是像動畫《神隱少女》裡無臉男的玩偶、公仔，來做爲你內在孤寂小孩的替身，讓你一見到它，就能連結這是你內心的孤寂小孩代表。

無論是立體的（玩偶），或是平面的（圖畫或是照片），都請爲它取名。這個名字是可以符合它的存在身分，及存在的特徵。例如：孤單娃娃、小孤、寂寞蛙、浪浪、阿離……等等。請運用你的聯想和創意，主要是能夠引起你的共鳴，和形成對你內在孤寂部分的連結。

在形塑出孤寂小孩的形象或是面貌之後，請花些時日，練習和它產生連結。你可以每日起床後及睡覺休息前問候它：「嗨，你好嗎？」、「現在感覺如何？」、「想說些什麼嗎？」

另外，也可以在感受到孤寂時，就望向它、摸摸它、感受它的孤單和寂寞，體會它感受到什麼？有什麼心情？

給自己一些時間去醞釀或是觸發內心因爲這些連結，開始用心感受後會出現的情緒。一樣聚焦在身體變化上，運用身體的變化或情感的流動，去辨識這些是什麼感受？什麼樣的情緒？並且試著運用第一階的練習：靜觀、允許、經驗、同在。

第二階的練習焦點在：「**接納及安撫你的真實情緒**」。這個練習是要讓你能學習於自己的內在建立一個新的情感處理系統，這個處理系統可以和你一起辨識情緒、安撫情緒，並調節情緒，以讓情緒得到一處安穩的空間，可以安全地經驗和感受。

有些人可能會因爲過往的經驗，認同了不成熟大人或是不穩定大人的說法，標籤了「孩子」的身分，像是：小孩就是很「番」（台語，任性之意）、很盧、很失控、很不聽話……等等，以至於還沒開始新的接觸之前，內心已經開始抗拒、防衛，並覺得不耐煩了。

這方面的情緒效應，還是偏向過往的負面經驗刺激了我們的認知評價，以偏頗和固著的念頭，引發被制約的反應。若是可以試著放鬆，告訴自己這樣進行不會有危險、我們可以安全地嘗試、慢慢來、這只是練習、試試看……等等的安撫語句，讓自己先降低會引發的焦慮和恐懼反應。

當你發現，你可以自在地和內在的孤寂小孩有新的連結，產生新的關係之後，你可以感受到自己沒有那麼抗拒，也沒有再自動化地興起評價和批判反應，能感受到一種安心的同在、有安全感的相處，那麼我們就可以展開第二階段的練習。

真實認識、理解情感的需求

這個練習的關鍵，在於真實認識，和理解情感的需求。

所謂的真實認識，是要帶著未知，不論斷、不強加解釋的態度，去慢慢辨識出自己內心孤寂小孩，究竟在感受什麼、想些什麼、想做什麼？並且無論了解到了什麼，或接觸到了什麼，都願意先接納。

特別是，情緒感受都不是單一的存在，是許多層不同情緒的堆疊，一層勾出一層，一層裡可能有好幾種混合物，若是沒有梳理出最核心的重要情緒，往往情緒在被接觸及理解後，很難開始慢慢平息。

若是你開始要做這個練習，那麼透過以下的練習表格，幫忙自己去把所辨識和發現的糾結和鯁住的情緒，記錄下來。

表：連結內在孤寂小孩

遇到了什麼樣的衝擊事件：	孤寂小孩感受到什麼情緒：
身體的反應是什麼：	孤寂小孩真正想說出來的話：

現在幫忙描述出來，孤寂小孩它很傷心或很失落的是什麼？它渴望什麼？若是能安慰它的傷心和孤單，它希望有人可以對它說什麼，讓它感受到安全、連結和接納？

範例：

我做個範例，來協助你了解要怎麼書寫：

遇到了什麼樣的衝擊事件：

同事們聯絡出去聚餐，但沒有問我。雖然我不一定想去，但沒問我，是把我當空氣嗎？

身體的反應是什麼：

我感覺到胸悶、頭痛、呼吸困難，還有一些四肢無力的感覺。什麼都不想做、不想動。

孤寂小孩感受到什麼情緒：

它覺得很悲傷、難過，還有憤怒和委屈，又有一些覺得算了，不想在乎的感覺。

孤寂小孩真正想說出來的話：

為什麼沒看見我？是我不重要嗎？是我讓你們不喜歡嗎？我有做什麼讓你們討厭嗎？為什麼要這樣對我？

現在幫忙描述出來，孤寂小孩它很傷心或很失落的是什麼？它渴望什麼？若是能安慰它的傷心和孤單，它希望有人可以對它說什麼，讓它感受到安全、連結和接納？

> 孤寂小孩（請用它的名字）你覺得好傷心，你其實也希望被看見，能被發現，你也想有一些被注意。就算你不想參加，但也要被詢問到，被尊重看待。
>
> 但親愛的孤寂小孩，我想告訴你，在我心裡你很重要，我也很在乎你。我知道不被看見及不受重視的心情，是很難過的、很傷心。你可以傷心，也可以難過，我會在這裡陪你。其實你很渴望友誼，或是也被接納是團體的一員，而不用歷經害怕，擔憂自己不夠好，被團體拒絕或討厭。這些感覺真的好害怕、好無助。所以讓我現在先抱抱你，用我的情感和懷抱，先給你安全的依靠，和你一起承受，也與你同在。

當你做完以上的連結及記錄之後，允許自己內心感受連結，體會和自己內心的靠近，是一種往內更深地和自己相處。就像搬了兩把椅子，你和內心的孤寂小孩坐在一起，在你們內心的安全空間。

這個練習，是要讓你與自己內心的孤寂感受，可以不具威脅地和諧相處，安心同在。

多些擁抱與撫摸

我們內心有各種情緒經驗，大多數的負面情緒，我們過往接觸的經驗並不佳，大多只能忍耐或壓抑，獨自忍受憋屈，以至於大家都怕情緒感受，更害怕要和情緒連結。但是越是害怕、越是迴避，往往情緒的爆發和負面效應就更強大。

爲了讓情緒不要再張牙舞爪，看似嚇人，最好的方式就是抱著慈悲及接納的溫柔，摸摸它、安撫它，慢慢地馴服它，再整合它。

如果，一下子想不出很多可以對它說的話語，也不知道可以怎麼安慰它，可以輕輕地接觸它，以充滿感情的不捨和心疼，聽見它、感受它、連結它，然後擁抱它（布偶）或是摸摸它（圖畫或照片），都能讓我們產生舒緩及安撫情緒，並促進身體分泌減輕痛苦的催產激素。

撫摸和擁抱，是最能產出催產激素的方式。不僅讓我們的緊張感下降，也會讓我們感受到一種愛的連結。這種屬於哺乳類的激素，使人與人之間建立起相互信任及具承諾的感情。催產素可使母親和嬰孩之間的聯繫緊密，也能讓戀人產生親密感，因此人們將催產素稱之爲「擁抱荷爾蒙」和「愛的荷爾蒙」。

如果可以多加練習與自己的親近，透過抱（抱玩偶或抱枕，或是雙手環抱自己），還有撫摸（摸摸孤寂小孩的替身，或是摸摸自己的頭、拍拍自己的胸），皆可建立一種可信任的連結，並增加腦內的催產激素，達到放鬆和減輕疏離的社交痛苦感。

請多加練習，試著累積這些正向情感連結及安撫的經驗，以改變我們大腦的迴路及增加愛的荷爾蒙的產生。

過程中，請啟動「有情有愛」的情感，因爲愛和情感，才是我們內在孤寂小孩，眞正的心理需求。

27／修復練習第三階：肯定你的存在「很好」

我們在前面已大量討論到，孤寂者和自尊及自我肯定之間的關連，是很脆弱及不穩定的。孤寂者雖然可能出現遠離人群，或是視群體爲討厭、排斥的對象，但那是來自他先感受到被群體的排除或漠視（嚴重者還會經歷被攻擊驅離），所產生的自我防衛作用。

然而，這不意謂著他內心的孤寂小孩得到安頓，獲得存在的安全感。相反的，還可能長期活在不安中，充滿存在的焦慮感，害怕自己不屬於群體，應該要自動消失，或是隱身不要被發現。

因此，你若感受到孤寂，這意謂著你可能同時覺得對自我感覺不太好，自尊低落、自我價值感缺失、很難接受自己，可說是一位自我喜愛和自我尊重的貧窮戶。

我們對自己的觀感（自我感覺）來自我們年幼時，周圍環境對我們的態度、反應及回應方式。如果我們在小孩時期，常被說：「你很難搞耶！」、「要孤僻喔！」、「陰陽怪氣的」、「不知道你在想什麼？有夠怪胎」……那我們會下意識地接收進來，認爲自己就是這樣的一個人。如果這些說法是從你身邊的至親而來，你會因爲需要這一段可以依賴的關係，而開始認同他們，並且順應他們，漸漸地認定自己就是這樣的人，不被接受、不被理解，同時還讓別人覺得討厭或麻煩。

這也是孤寂者爲什麼聽到負面評語或像是批評的言論時，內心會感受到很受傷，他們往往已經有一顆破碎的心，都還不知道如何修復，却又不斷地聽到別人對他說出近似嘲諷、貶抑、批評及攻擊的話，那會讓他想要避開、遠離，也越來越討厭和人接觸。

這一生只能做自己

我們需要深刻明白，我們這一生就只能做自己，不論我們是出生在什麼樣的家庭環境，成長過程遭遇什麼事件，又或是經驗到了什麼困境逆境，我們都還是只能當我們自己，不能假裝是另一個人，或是換個身心，重新來過。因此，這個「自己」很重要。

這個自己等於要陪你經歷人生所有的一切，喜怒哀樂、悲歡離合。也因爲有這個自己，你有身體、心理和靈性的存在，才能體悟所有關於生活的一切體驗。這個自己，可以陪你開展有創意的人生，也可以把你限縮在密閉空間，寸步難離。你與這個自己的關係，可說是影響你一生的所作所爲，還有你會活出怎樣的生命風格。

我並不是說你要膨脹自己，以自我爲絕對的中心；也不是說你要時時刻刻自我說服，不斷抬舉自己、誇耀自己。我所說的是一種恆定性足夠的好自尊（I am good），相信自己是一個好的人，能自我成長，也能貢獻社會，並能和別人建立合宜的關係，懂得如何和人相處及合作。

但你內在的孤寂小孩，它因爲過去歲月的千瘡百孔，不再信任別人，又加上壓抑累積許多別人對它的評論和批評，讓你也十分懷疑它的存在，是不是眞的那麼惹人厭？那麼讓人嫌棄？

你可能也會十分受不了它，搞不清楚它爲什麼要情緒起伏那麼大，時常陷落在沉悶的陰鬱低谷中，就不能開懷點？沒事點？

當你對待內在的孤寂小孩，也是無可奈何，或是充滿負面的評價時，你只會把它推得更遠，它也會躲在更陰鬱的角落，更憂傷、更孤單，覺得自己一無是處，沒有什麼價值和重要性。

若是你明白也領略前面練習的兩個習作後，這一階段的練習，則是需要你奠定自己存在的價值，維護好自己內在的自尊。

把自己視爲一個珍惜的人

此階段第一個練習，是要練習把自己視爲一個珍惜的人，要好好照顧及支持的對象。如果你眞的關愛這個人，你會希望這個人在生活中能感到自信和快樂，也能活得有價值。

你內在的孤寂小孩，就是一個長久以來沒有被看見的隱形人，好像他存在或他不存在都關係不太大。那麼現在，你要練習成爲第一個每一天都會看見自己、關注自己的那個重要的人。

帶著肯定的語氣，和充滿關愛、關懷的態度，看著孤寂小孩的替身品（畫作或是布偶），用心用情感告訴它，它的存在是OK的、沒問題的，你欣賞它有它的特質、它的獨特，還有它與衆不同的地方。

你可以先寫下來，打草稿再把它說出來，但我的建議是用你的心說話，才能傳遞出一份接納和關愛。

當你靜下心來，眞的可以連結到你內在孤寂小孩，你體會它的心路歷程，知道它經歷及遭遇過什麼，也了解它過往經歷到的人際傷害及人際驚嚇，你深深了解這一些，懂得孤寂小孩的忍受及辛苦，那麼，現在你可以出於眞心，說出你想要疼惜及安慰它的話語：

請用身體部位的感受（胸、心、胃、腹部）去柔軟地對孤寂小孩說話，不是用腦袋，停留在大腦的是非好壞評論上。情感是與我們的體內器官同步引發及流動，當你有情有愛地流動時，你會感受到身體會有反應，或許有股暖流，也許起雞皮疙瘩，或是可能會突然有陣悸動想哭。

我提供幾種增加我們自尊及存在價值的正向情感話語，若是你缺乏關鍵詞，這是你可以參考運用的（以下是從「成人我」對內在「孤寂小孩」所表達的支持語言）：

謝謝你的存在
你很好
你是一個值得愛的孩子
我喜歡你
你可以存在
我看見了你，也聽見了你
我接納你就是你
請允許我慢慢安慰你、陪伴你

我會陪伴你經歷每一刻

每一天都可以穩定規律地練習。如果你知道我們的身體保健也需要補充一些缺乏的營養素，那麼，心靈的保健也是同樣的道理。在心理層面的自尊維護，還有自我存在價值的肯定，都是一種心理修復及保健的補給。不要怕累和麻煩，停止那些自動化神經症反應的負面態度，開始正向轉變。從自己先開始練習接納自己、喜愛自己，和自己眞實地產生關係。

28

修復練習第四階：保持對自己的正向好奇與關注

從這一階開始，我們要開始帶著內在產生正向連結的孤寂小孩，向外探索世界。就像是你帶著一個剛剛可以出門的小小孩，要去探尋未知的世界。你要重新陪伴這過去一直被冷落的孤寂小孩去發現世界與認識世界。

我們認識世界的同時，也正在認識自己；認識自己的反應、認識自己的情緒、認識自己的解讀，也認識自己的行為。他人看似是他人，其實也同時是你，因為我們的某一部分，都和不同人的某一部分有連結，整體來看，我們也等於在認識自己這一個完整的人（自體）。

所以這一階的練習，需要你練習抱持對自己的好奇和興趣。對自己有興趣，才能漸漸地對別人有興趣，對世界有興趣。

探究自己的感受與想法

對自己抱持無趣、無聊乏味反應的人，對周圍的人事物也會抱持相同的態度。若對自己的感受和想法願意去探究，也願意去瞭解的人，也會有較多的意願想去瞭解和認識別人的經驗。這裡要請注意，我是說「好奇及有興趣」，而不是「扮演」。

許多人在成長過程，爲了讓主要照顧者滿意和情緒穩定，不要激起太多負面情緒和混亂，會自動發展因應策略，來做爲生存的技能，並且漸漸地成爲模式。所謂的模式，就是我們開始學會「扮演」，例如：扮演「乖巧的孩子」、扮演「聽指令的孩子」、扮演「懂得察言觀色的孩子」、扮演「貼心早熟的孩子」、扮演「特立獨行的孩子」，或是扮演「不存在的孩子」。

從小就孤寂的人，大多是扮演「不存在的孩子」。假裝不存在，來讓照顧者不用費心在他們身上，或是讓照顧者活在他們自己的世界。

後來只要處於人際關係裡，或在重要的關係中互動，扮演的角色就悄悄上身，不知不覺地就以這種模式在關係中。

所以，我們要練習的除了覺察自己「是不是在扮演什麼角色或形象？」再來是如何能在慣性自動化的扮演中停下來，覺察自己「是什麼因素或是解讀，讓自己處於扮演中？是不安全感嗎？是爲了得到安全感嗎？這樣的模式，如何能鬆動點呢？」

當你可以開始停下來，反過來問問自己時，此時你便是對自己開始展開「好奇及興趣」；若是能加些鼓勵，給予自己一些勇氣及關注，想進一步地發現自己，進而瞭解自己，那麼，這個時候你就有機會與自己的過去經驗做更多的連結，擴展認識自己的寬度和深度。

這個反觀反思的過程，就是覺察自己。

覺察自己的內在

覺察是爲了認識和瞭解，所以請不要帶著批判和質疑的態度和口氣。先有充分的瞭解及認識，我們才能洞察自己內在的機制，以及在無意識之中所做的自動化反應，並且在足夠深入的瞭解後，試著慢慢解構，及再建構新的人際關係反應和對應的心理狀態。

在我們認識自己的過程，最重要的三個方面，是屬於我們這個人的內在運作，包含了：認知、情感，和行爲。我們說得出來的，是我們「意識」到的，但我們內在還有許多說不出來的，不知所以然的念頭來源及情緒來源，還有行爲上的衝動，這些是從我們的潛意識區引發出來的。所謂的認識自己，也就是對內在自我進行從意識到潛意識，再從潛意識到意識的探索歷程。

我們的一生，每天的生命經驗大多儲存於潛意識層，除非刻意記住或反覆想起，不然我們未聚焦意識的感覺和經驗，就會沉入我們大腦的潛意識層，很難被覺察和意識到。但不代表這些潛意識層的資料和訊息，不會對我們產生影響，事實上，我們許多非理性的行爲和衝動，大多來自潛意識層的推動，而不是意識層的掌控。

所以，所謂的好好認識自己，就是不再用已知就想斷定自己，反而是給予自己空間，想要重新認識這一位你從來沒有好好理解、好好熟識的自己。你越是有機會接觸到自己內在的未知領域，你越有機會意識到潛意識層的經驗資料，如何影響及形塑出你這個人。

當你要開始這樣做了，就像你帶這個從來沒有眞正踏出門過的孤寂小孩，要來認識這個眞實世界，也讓這個世界和你交互作用，帶你意識到更多沒有發覺的自己。

現在就要來說明練習作業。

當你開始帶著願意覺察自己的心過日子，那麼，就意謂著你要練習活在當下，每個當下都是帶著意識去思考、發覺、探索及暫時產出答案（這時的答案不是絕對的，會依著你認識自己的程度，不斷循環出新的意義來）。在這一段認識自己的歷程，記錄就很重要，留下紀錄，可以爲你留下這些足跡。

以下的表格，是爲了讓你開始在練習記錄對自我的覺察時，能有一些指引和方向。

表：自我覺察，重新認識自己

日期： 關於今天所發生的事件，或所經歷的一些遭遇：

對今天經歷的事件及遭遇，有什麼想法或思考的觀點？	對今天經歷的事件及遭遇，有什麼感受及情緒？	對今天經歷的事件及遭遇，有什麼想做的行為，或想進行的動作反應？

再看一次這些想法、情緒感受，及行為反應，發揮你的直覺及聯想，是什麼原因讓你有這些想法？這些情緒？這樣的感受？和有這樣的行為反應？你會聯想起哪些過往的經驗？聯想起哪些人士？或聯想起哪些最近的生命狀態？

關於內在深處，都含有我們的價值信念、渴望、期待，及自我的認同需求，你從這些事件及你對事件的反應，你發現自己有哪些價值信念存在？有哪些渴望和期待？有哪些自我認同的需求？

除了以上你所產生的認知、情感及行為反應之外，如果要讓你以不同的反應去面對或因應，你覺得還可能怎麼去反應和處理？這是自己期待中的理想化反應，還是可能成為事實上可行的？

有沒有什麼是你想讓內在孤寂小孩理解的事情？你會怎麼向它說明，才能幫助它理解這個世界和其他人？你覺得你和孤寂小孩都因此更認識自己什麼？更認識這個世界所運作的方式是什麼？

最後，產生你對自己和這外在世界的領悟和心得：

這個認識自己的過程，需要我們用「後設認知」（即理解自己的認知歷程）去釐清和思考，才得以建構出屬於經驗本身的意義。透過覺察自己、書寫紀錄的歷程，讓自己知道你經歷過哪些經驗？又可能產生哪些感受或情緒？

我無法幫你保證進行一段時間後，會對你形成什麼樣有效果的影響和轉變，但我的經驗讓我相信，願意接觸自己，深入地探索及認識自己，這樣把自己放在心上來瞭解的作爲，會讓我們與自己之間，產生不同於以往的連結，也會增加與自己關係的信任感和穩定感。

修復練習第五階：學習在關係中傳達情感與正向表達

孤寂的人其中一個現象，是不知道如何開口向外表達自己，以及如何和別人產生正向的互動關係。即使曾經嘗試過，但發現效果不好、回饋不佳，孤寂者會產生挫折及沮喪，因而退縮；更加害怕對外表達自己後，會產生負面的感受，與人相處的不安和傷害又因此加深。

當我們年幼時，還無法說出自己發生什麼事，爲什麼有那些反應時，我們需要有一個重要他人能同理我們內在的經驗，進而在情感上回映我們，進而幫助我們理解自己的經驗是什麼？以及如何描述？而孤寂者的童年，因爲缺乏鏡映者，因此少有被同理回應的經驗，以致他們往往也無法描述自己的內在經驗及感受。

就像是我們閱讀一些書籍時，透過書中描述的某些經歷，我們懂了自己的體會和經驗，也學習書中的文字語句，做爲日後表達自己經驗的詞彙或定義。

在我們年幼時，這一個能回映我們內心世界的重要他人，是非常重要的存在。當我們能被回映，等於被理解和接納，也同時藉著對方的回映，理解了自己。這些過程，是我們形塑「什麼是我、我怎麼了、我發生了什麼事」很重要的學習歷程。

因此，好的鏡映者（理解、接納、尊重）可以帶你上天堂，不好的（扭曲、偏頗、成見的）鏡映者，則帶你下地獄。因爲他將影響你對自我的概念，包括：自我認同、自我尊重、自我肯定、自我理解，和自我接納……等等的能力。

過往的童年，已無法時光倒流、回不去了，但希望你不要因爲受傷的童年，這一生都活在痛苦及孤寂中，無法完成療癒和整合。相反的，希望你能因爲受傷的童年，更明白受創的童年雖然遺憾和令人難過，但不能決定及支配你整個人生，讓你失去活出完整自己、活出生命有意義的機會。

每個人都是未眞正長大的大人

當你有能力關懷自己，也與自己產生連結後，你進一步可以練習的是，如何和別人眞正地建立關係，並且創造出有新品質的關係。

如果你開始觀察，並探索人的內在，還有人所具有的人性，你會發現，其實每個人或多或少都曾經有過傷害、挫折及痛苦。每個人也都很不容易地尋找能生存的方法。畢竟活在這眞實世界的我們，和所有萬物一樣，都有我們的能和不能，也都有我們的缺乏和限制。沒有人是完美的，我們也不需要是完美，因爲我們本就要從社群的合作和連結中，彼此幫助，也彼此支持，讓我們各自的人生，經歷了千辛萬苦，都能在社群關懷下，圓滿地落幕。

若是開始明白，每個人都很不容易地在面對自己人生的課題，也有必須修習的挑戰，那就沒有人是「眞正的敵人」，沒有人的存在就是爲了做你的敵人，爲了嚇你、針對你，或是刻意要讓你難受。很多時候，我們只是一個個弄不清楚自己的傷痛，無意識地對外展開防衛和神經症反應的未眞正長大的大人，內心裡都是對世事感到無力且挫折的落難人，既無法處理好自己的內心混亂和糾結，也無法眞正地面對關係。

當你可以從內在開始安在了，成爲你自己最重要的支持者，讓自己的存在安穩，那你才有氣定神閒的輕鬆，可以去面對關係，眞正地和人相處。

你要瞭解一個重要的事實觀點，和外界開始練習新互動品質的你，無法控制外界和別人要怎麼反應，畢竟你所互動的人，也可能還是那個無法安穩自己，無法和他人建立信任和連結關係的人。所以，你不要以別人的反應或回饋來證明自己有沒有做對，免得又再次落入期待他人可以給你滿意回應的迴旋裡。

在這一階的練習，我們要試著打開眼睛和耳朵，用感受去觀察及體會他人的狀態，從中發現其他人是如何在因應這個世界？又如何在當中求生存？請用探究及樂於發現的態度去觀察和洞察。

以彼此安在的方式與他人連結

關於你的主體，和他人的主體，就像是兩部獨立運作的系統，雖然我們都有相近的生產線，歷經相似的生產歷程，但當成爲獨立的運作系統時，日積月累的經驗和個體的本質之間交互作用下，我們都無法以自己的主觀立場，輕易地去解讀及貼標籤斷定他人爲何會這樣那樣。

因此，願意聆聽及同理的過程，才更爲重要。離開自己的主體，試著進入他人的主體，理解及參與他人系統所進行的運作過程。不同的獨立運作個體，若是少了同理和連結，那幾乎不會有交流的可能。單獨運作的情況下，我們都可能成爲一個個的絕緣體，無法和其他人產生共鳴和觸動，這樣當然也不會有情感的傳遞交會。

爲了讓社群眞的可以產生連結，稍微離開自己，跨越個體之間的邊界防護，往另一個人的情感面和理性面溝通互動，這項重要的能力就在於「與人連結」。

「與人連結」要將自己和別人放在同樣值得尊重的平等位置上，不是要地位

高過於別人，也不是要屈就低於別人。所以姿態上，不是高傲也不是卑微，能讓自己安在，也創造讓別人安在的氣氛。同時，進行情感描述和正向表達，來讓雙方的關係能在安全的基礎下，不用防備受傷，也不須焦急於勝過別人，而是能好好地說話，好好地聆聽，也好好地交換感受和想法。

爲了讓雙方都能安於在關係中交流和互動，雙方皆需要有能力連結彼此，並給予情感回映和正面表達，這是一大關鍵。人與人之間，若話不投緣只能半句多，若話能投緣千句也不夠。那要如何能投緣呢？就是要能有來有往，既有接球也能發球，這一場雙方交流才能激盪出火化，讓兩人都意猶未盡。

正向反饋，建立最高品質的互動

對孤寂者來說，表達力和回應力都有不足的現象，長期缺乏溝通表達及描述自己，都會讓這兩者的效能不彰。但有些人可能很會社交，表面上不是孤寂的沉默者，卻不表示他就很能連結彼此，因爲許多人可能都在自說自話，很會發球

（打開談話議題），卻很少能接應和眞正地回應他人的表達。

低品質的互動，是一方一直說、一直自顧自地表達，卻不顧另一方的狀態及反應如何，這是單向的關係。實際上，這種關係的品質是空洞的，另一個人彷彿不存在般。

較好品質的關係互動，則是雙方都有表達，也都能聆聽，但可能還是在各自表述，強調自己的觀點和感受。這樣的關係雖然看似有來有往，但其實交集之處也很少。

最高品質的關係互動，是雙方都能自在表達自己的觀點和情感，也都有意願瞭解對方的觀點和情感。在試著理解對方和感受對方的感受脈絡後，能嘗試回映對方所理解到的，表達出自己的理解，並能以正向肯定反饋對方。

如果要練習，以下提供幾點參考。一開始可以依照提示，思索如何與人連結；練習久了，內化的新表達力和回應力就能鍛鍊出心得，熟能生巧。

以下表達和反饋的思考線索，請在專注聆聽對方敍述後，試著整理看看如何能正向表達，增加兩人的互動意願和安全感：

1. 對方所表達的觀點或價值觀是什麼？

2. 對方著重或是傳達的情感或情緒是什麼？在這表面的情緒下，還可能有哪些情感或渴望？

3. 對方在這個過程中，在努力什麼或嘗試什麼？

4. 對方在表達的內容和非口語訊息中，希望讓人理解什麼？讓人可以瞭解到他是什麼樣的人？

5. 以上問題，如果要以正面肯定的態度組織出可以傳達給對方、並且對方可以接收到的表達語句，你會怎麼說？

人，都是希望被連結的，但連結需要練習，特別在我們缺乏情感連結和雙向溝通的成長環境中。

有許多時候，我們都會感到或多或少的孤寂，正因爲我們的社會缺乏連結能力的人是多數，所以在普遍無能連結的人際關係中，我們只能與孤寂相伴。但若我們社會中的每一個人都能試著學習連結能力，能表達自己也能回應別人，相信即使一樣有身爲人的孤獨感，但能在關係中感受到情感交流及會心感動的人，會越來越多。

30

修復練習第六階：累積同步同調的情感連結

活在這世上，我們需要理解，因爲獨特性的存在，沒有兩個人能完完全全契合，有著一模一樣的感受或想法。想要尋找一位和自己完全契合的人，來讓自己覺得不孤單寂寞，這期待本身是一種幻覺和想像，不切實際。

在這世上，正因爲我們都如此不同，才能試著發展同理心和感受力，去連結我們自身以外的其他。在自己孤獨存在的體會以外，我們有能力和另一個人相處、相互支持依靠，讓我們身爲人的脆弱本質，因爲連結和歸屬，而有了凝聚的能力，生長出更大的力量，爲世界貢獻，讓世界更好。

或許要體會到愛，對孤寂者來說，是一件很不確定的事，畢竟愛的匱乏、貧窮的感覺是那麼濃厚。但我們可以先從片刻的連結感和同調的情感經驗，開始感受、累積經驗，不因為微小而忽略，漠視體會到的溫暖感動。

人的心需要溫暖，也需要藉由體會到溫暖能量，讓我們保持人性，對生命帶著關懷、寬容及悲憫，善待彼此。愛的能量也能讓我們不被冷漠同化，感受到人是需要活在適當的溫度中。

需要適當的溫度來感受愛

對長久孤寂的人來說，或許早已習慣孤單和疏離的生活，不論是要講什麼都覺得懶，或要與人溝通談話就覺得累，或是像有許多人一樣，從幼年時就有一種感覺是：「我做什麼反應都嫌多餘，反正也沒人在乎。」所以，總是放棄嘗試，也否定生命可以有其他不同的經驗。

可是，不同的經驗不會從天而降，也不是被動地等人來把我們變得不再如此。不是這種消極的無奈，而是因為知道「沒有人」可以負責和滿足自己的人生，也沒有人可以解開另一個人內心的癥結，所以明白一切還是要回到自己身上，自己求知也自己求解。畢竟，能解鈴的，都是繫鈴人自己。

那另一個人的存在要做什麼啊？很多人聽到生命最終還是回到自己身上，所有的問題要從自己內在去瞭解及調適時，他們就會泛起一個念頭：「那要別人做什麼呀？」

看看這個念頭，對他來說，別人只是「工具」，既不好用也不能用，那要另一個人在生活中，做什麼呀？

但有這樣的念頭也不意外，因爲把關係物化，也把人工具化的傾向，是我們長久下來從家庭學到的思維和氛圍：如果你不能幫忙家務，也無法幫父母贏得榮耀，或是無法順從依照父母的指揮命令，符合父母的需要，要你這個孩子做什麼呀？你不如去做別人家的孩子，別做我們家的孩子。

家庭的工具論和有用論，這種論點偏頗失衡，如再加上成長過程中缺乏情感經驗，沒有什麼心靈交流的經驗，那眞的會讓人對關係的存在徹底否定，也感到寒心。

對避免和人親近、逃避關係依戀的孤寂者來說，當然也因這樣的利益論感到心碎與沮喪，同時有著一股深藏的憤怒防衛心情：既然你們覺得我沒用，你們對我也沒有用，我不需要你們，不需要任何人。

孤寂的人早已寫下這樣的腳本，也埋下這樣的信念，誰也撼動不了。不論談到關係的意義，以及關係對人類生活的價值，孤寂者還是會繞到這個信念來：「我一個人也可以活，那要別人做什麼呀？」

以人際關係來發覺自我、整合自我

這是孤寂者的矛盾，他們沉寂在孤獨之中，是因爲他們感受不到溫暖與歸屬，但他們不是去理解及學習如何與關係相處及建立有意義的連結，反而無力地說：「沒有啊！不可能啊！很難啊！算了吧！」然後繼續在這樣的孤寂中，感到孤單、落寞和焦慮。

有意願自學的人，要注意別被這樣的扭曲信念綁架，如果你想要體會到自己的完整，那麼在人際關係中互動是必要的，因爲人際關係如同鏡子，能讓我們發覺自己，有機會的話，還能深層地療癒自己、整合自我。

但即使你還沒有意願走向深度交流的關係（例如親密關係），你仍可以開始試著經驗與人連結是什麼樣的體會和感受。

在這一階段的練習，請不要放在完美百分百的連結，天底下沒有這件事。也不要放在萬無一失令人滿足的連結，天底下同樣沒有這件事。連結的感受，或稱爲同在的相互陪伴，是一種像儲蓄一樣的積少成多，一點一滴，慢慢地體會，慢慢加深感受。

我們的生活，失落的、斷裂的、誤解的、事與願違的經驗仍會出現，我們不可能去除及全面阻止，我們能做的，是試著「達成平衡」。正因爲眞實地在生活著，負面的感受和經驗或多或少仍會存在（它們有它們存在的意義），所以我們才需要收集及累積「正向情感的連結經驗」，來告訴自己「我並不孤單」，然後調節及平衡我們的生命體驗。

以敏銳的心體會感動的瞬間

所以，請保持敏銳的心去感受和發覺。你知道的，就像是常常吃速食，或吃東西很快的人，他往往說不出口感和滋味，對他而言，他只是在做一件事，把這件事完成而已，至於過程的經驗和感受，都不重要，他也不放心思。

體會正向情感的連結就像這樣的比喻，**不要把別人當作打發寂寞的消遣或活動，而是把和別人的相處，用感受去體會和發覺感動的瞬間**。像是：

一起相視而笑的瞬間
一個具有默契的動作
不需解釋太多就明白的感受
在同一個時空下同時進行的行程
共同經歷的一次經驗
一群人一同完成了計畫

各自努力卻同心合力的感覺

在這些瞬間，都有一種從自我連結到他人的經驗正在發生——我們看似不同，卻又有一些相似相近的經驗，在你我之間發生著，因此連結了原本單獨的兩個個體。

但不要執迷或依戀這種感覺。我們只需要經驗這些時刻，讓我們能夠擴展個體的生命經驗，並將連結的體會也含納進來，因爲這也是完整個體的生命經驗的一環。

當你漸漸發現有這些瞬間時，請你試著記錄下這些時刻（寫下來會產生意義，同時更加在記憶中留下深刻印象）。

另外，可以反問自己一些問題，試著尋找到生活中瞬間的正向情感：

1. 近期，我越來越有感受到的支持和鼓勵是什麼時候？
2. 我在什麼時刻，感受到和人同步同調的同在感受？

3. 有沒有一瞬間，我感受到好像不是只有自己一個人？

4. 和哪些人互動時，我可以漸漸感受到一些共鳴和相互理解的感覺？

5. 身為人，我可以開始給予安慰和關懷，也接受被安慰、被關懷的經驗有哪些？是什麼時候？

安好地與自己同在

隨著年紀增長，大腦神經可塑性越來越低，這也是我們越年長，越難改變慣性的原因。我們的大腦習慣走老路，也習慣用相同的刺激歷程，產出同樣的行為結果。如果，我們要開始塑造新的大腦迴路，並產生新的刺激結果，就需要從開頭到過程，都有積極的新作為介入，改變自己慣用的處理程序，增加新的感受，然後慢慢將人生轉舵，航向合宜的人我關係經驗上，並做一個與自己有內在安穩關係的自體。

在你反覆練習這六個階段的過程中，別忘了，你也需要和自己產生連結和投入正向情感。透過對自己接納、鼓舞、喝采，還有肯定、同理及支持，無論這個過程有多反覆、多難開展，只要你願意接納自己，在內心安好地與自己同在，無論經歷了什麼起伏和挑戰，都做自己的好夥伴，願意同心合力，這已是和過往有著非常不同的體驗了。

你一定會在這個過程中，培育出和自己關係的情分，因爲「你」是你這一生最認識的人，也是與你最親密的人，你怎能不好好善待、不珍惜呢？

結語

搭建內在安穩的情感中心，做自己最真誠的夥伴

對一件事情我們必須先接受它，才能改變它。譴責並不能把我們從困擾中解脫出來，只會使之加劇。

——榮格

人，是無法逃避孤獨的。

當你能夠孤獨，你才能夠是完整的自己。

當你能夠孤獨，你才能承擔生命的重量。

當你能夠孤獨，你才不會出賣自己與背叛自己。

當你能夠孤獨，你才能真正地允許——自己獨特的存在。

不因孤獨而感到寂寞，不因孤獨就焦慮不安、疏離和空虛。

你會透過完整的孤獨，真正地懂自己，也活出你的創意，同時間，明白他人的孤獨也不能任人剝奪或填塞。

而在需要與自己同在的時刻，你和過往不同的是，你不再需要自動化地排除自己或迴避自己，以轉移的各種方式及行為，不斷地把自己切碎抛空，或任由孤寂的漩渦，把你吸進無底黑洞。

你能與自己深層地連結、接觸，你與他人的關係，也能經驗到深層的相連和接觸，而不只是相互地消遣及消磨。

真實的你，才可能有真實的關係。這是這一本書最後想傳達給你的訊息。我們透過真實關係的連結，才能同步使自己完整。外在世界和內在世界，就猶如我們的陽光面與陰暗面，是一體兩面的顯示，其根源就是我們的本體。讓兩者平衡且和諧，是我們此生的整合課題。沒有外在世界的扶持和交會，內在的自我也難以安穩。

但不論你於何時漸漸擴展至外面，都請先和你的內在產生連結和一種深度交流。當內心豐沛而富裕時，自然就想貢獻於外在世界，想要和世界交流。那樣的渴望會很有力量，也會很有勇氣。

當你準備好了，歡迎你回到人群。在你從既有的、新獲取的知識中了解自己後，找到語言和文辭和人們溝通，會因此和這個社會多了更多的連結和交會。曾經的生命孤寂都化為生命的轉機，讓你真實地成熟，成為合一的人，踏實而安穩。

做自己最好的關懷者、陪伴者和引導者，為自己搭建好內在的情感中心，積極安慰及擁抱自己，義無反顧——直到見證你活出生命的意義。

當你回到自己孤獨一人時，別忘了，這就是你回到內在情感中心的路徑，要你聆聽自己和感受自己，進而理解自己和接納自己。你因此終於懂了，真實做一個情感安穩的人，就是給自己最真誠、最忠實的陪伴。

療癒孤寂：30 堂課學會接住自己，建立內在安全感，成為能與他人連結的完整自我 / 蘇絢慧作 . -- 第一版 . -- 臺北市：天下雜誌股份有限公司, 2020.11
272 面；14.8×21 公分 . --（心靈成長；76）
ISBN 978-986-398-624-9（平裝）

1. 孤獨感 2. 生活指導 3. 成功法

176.52 109017340

心靈成長 076

療癒孤寂

30堂課學會接住自己，建立內在安全感，成為能與他人連結的完整自我

作　　者／蘇絢慧
封面設計／DiDi
內頁排版／邱介惠
責任編輯／黃惠鈴

發行人／殷允芃
出版部總編輯／吳韻儀
出 版 者／天下雜誌股份有限公司
地　　址／台北市 104 南京東路二段 139 號 11 樓
讀者服務／（02）2662-0332　傳真／(02）2662-6048
天下雜誌GROUP網址／ http://www.cw.com.tw
劃撥帳號／01895001天下雜誌股份有限公司
法律顧問／台英國際商務法律事務所・羅明通律師
製版印刷／中原造像股份有限公司
總經銷／大和圖書有限公司　電話／（02）8990-2588
出版日期／2020 年 11 月 30 日第一版第一次印行
定　　價／360元

書 號：BCCG0076P
ISBN：978-986-398-624-9（平裝）

直營門市書香花園　地址／台北市建國北路二段6巷11號　電話／（02）2506-1635
天下網路書店　http://shop.cwbook.com.tw
天下雜誌我讀網　http://books.cw.com.tw/
天下讀者俱樂部 Facebook　http://www.facebook.com/cwbookclub

本書如有缺頁、破損、裝訂錯誤，請寄回本公司調換